DIE ALPEN LES ALPES THE ALPS

#302

REINHOLD MESSNER

DIE ALPEN LES ALPES THE ALPS

Stürtz Verlag Würzburg

Autorisierte Lizenzausgabe für den Stürtz Verlag,
Würzburg
ISBN 3 8003 0130 X

Printed in Germany
Regie: Rudolf Werk
Layout: Günther Schmidt
Übersetzung ins Französische: Nicole und
Professor Wolfgang Fischer
Übersetzung ins Englische: Desmond Clayton
Reproduktionen: Otterbach-Repro, Rastatt
Satz und Druck: J. Fink, Ostfildern bei Stuttgart
Papier: 150 g/qm BVS der
Papierfabrik Scheufelen, Lenningen
Einbandgestaltung: Ernst-Jürgen Lang
Einbandarbeiten: Buchbinderei Sigloch, Künzelsau
und Leonberg

Inhalt

Table des matières

Contents

Die Alpen

Die Alpen – 1100 km lang, bis zu 260 km breit und 4810 m hoch – sind Europas grösster Gebirgskamm. In dieser faszinierenden Bergkette, ein gebogener Höhenrücken zwischen dem Golf von Genua und Wien, hat das Bergsteigen seinen Anfang genommen, und hier hat die Erforschung der Gebirge begonnen. Professor Leopold Kober, ein Geologe, nennt die Alpen »das geologisch wunderbarste Gebirge der Erde«, und Edward Whymper, der Erstbesteiger des Matterhorns, wurde binnen weniger Jahre vom Zeichner zum Bergsteiger, um einen intensiveren Zugang zu diesen Höhen zu haben. Auch Johann Wolfgang von Goethe, der zweimal in die Schweiz reiste, hatte 1775 unter dem Gotthardpass ein starkes Verlangen nach den Höhen: »Welche Begierde fühl' ich, mich in den unendlichen Luftraum zu stürzen, über den schauerlichen Abgründen zu schweben und mich auf einen unzugänglichen Felsen niederzulassen!« Dieser Höhendrang wurde breiter und grösser: »... Die Gefahr und die unendliche Grossartigkeit des Hochgebirges in ihrer Vereinigung sind es, die uns dämonisch anlocken, weil wir die Reize der Bergwelt bis zur Neige gekostet haben, wenn wir uns durch Wind und Wetter nicht am Vordringen hindern liessen oder in unwirtlicher Höhe unser Nachtlager bereiteten. Wie sehr irren sich die, welche uns bei Betreibung unseres Sportes und der Liebe zur Gefahr nicht mehr die Liebe zu den Schönheiten der Natur zutrauen ...«, schreibt der siebzehnjährige Felsakrobat Georg Winkler 1888, und Willo Welzenbach, der bedeutendste deutsche Bergsteiger der Zwischenkriegszeit, schwärmt: »Da möchte ich mich hinsetzen

Les Alpes

Les Alpes – longues de 1100 km, larges jusqu'à 260 km et hautes de 4810 m – forment la plus grande chaîne de montagnes européenne. C'est sur l'une des crêtes de ce massif montagneux, qui s'étend en arc de cercle du golfe de Gênes à Vienne, que sont nés l'alpinisme et l'étude de la montagne. Le Pr Leopold Kober, un géologue, considère les Alpes comme étant «le plus merveilleux massif géologique de la terre». Edward Whymper, qui fut le premier vainqueur du mont Cervin, préféra délaisser en l'espace de quelques années son métier de dessinateur pour se consacrer à l'alpinisme et vivre plus intensément la griserie des hauteurs. Johann Wolfgang von Goethe, lui aussi, se rendit deux fois en Suisse et ressentit également, en 1775, sous le col du St-Gothard une forte attirance vers ces sommets: «Ô! que je désirerais me plonger dans cet espace infini, survoler ces sombres ravins et rejoindre un rocher inaccessible et m'y asseoir»! Cette envie de s'élancer vers les hauteurs augmenta bientôt d'intensité: «Le danger et l'infini grandiose de la haute montagne nous attirent et nous fascinent comme des démons parce que nous avons goûté jusqu'à la lie les charmes de l'univers montagnard lorsque ni le vent ni le mauvais temps ne nous arrêtaient et que nous installions notre campement pour la nuit sur une hauteur inhospitalière. Il n'est pas juste de penser que nous ne sommes pas sensibles aux beautés de la nature et que nous aimons seulement l'exercice de notre sport et le danger», note, en 1888, Georg Winkler, un acrobate de la montagne âgé de dix-sept ans; et Willo Welzenbach, le plus grand alpiniste allemand d'entre les deux

The Alps

The Alps – about 650 miles long, up to 155 miles wide, and, at their loftiest, 15,782 ft high – are Europe's largest mountain range. It was here in this fascinating system, curving between the Gulf of Genoa and Vienna, that mountaineering and the serious study of mountains first began. Professor Leopold Kober, a geologist, calls the Alps "the geologically most fascinating mountains on earth", and Edward Whymper, a wood-engraver, and the first man to climb the Matterhorn, was so enthusiastic about the Alps that he devoted his life to mountaineering. Johann Wolfgang von Goethe, too, who visited Switzerland twice, was overwhelmed when he saw the Gotthard Pass in 1775: "How I long to plunge into the endless heavens, to glide above the fearful depths, to settle on some inaccessible rock!" This longing for the freedom of the heights became more widespread and intense: "... The danger, and the infinite grandeur of the high mountains combine to exercise a daemonic attraction on us; we have tasted the utmost delights of the mountain world when refusing to allow wind and inclement weather to prevent us from pressing on, or have set up our bivouac in the barren heights. How wrong are those who consider that our love of sport and danger blinds us to the beauties of nature ...", wrote the 17-year-old climber Georg Winkler in 1888; and Willo Welzenbach, the most important German mountaineer in the period between the two world wars, enthuses: "I would like to just sit there and look, just look, and to cry out for joy and happiness; for joy at the beauty of the world, and for happiness at the fulfilment of a great desire. And

und schauen, nichts als schauen, aufjauchzen möchte ich vor Freude und Glück; vor Freude über die Schönheit der Welt, vor Glück über die Erfüllung eines heissersehnten Wunsches. Und noch ein Gefühl eigener Art durchdringt mich: ein Gefühl höchster Genugtuung über eine vollbrachte besondere Leistung, wie es nicht jedem Bergsteiger zu empfinden beschieden ist.« Stärker noch kommt diese Naturverbundenheit bei Walter Bonatti durch: »Nach fünftägigem Ringen habe ich das Empfinden, als sei ich mit dem Berg zusammengewachsen und es sei mein Schicksal, ewig um einen unerreichbaren Gipfel kämpfen zu müssen. Zum ersten Mal bin ich mir bewusst, dass ich den Südwestpfeiler der Drus bezwungen und das ›Unmögliche‹ geschafft habe. Dadurch ist die psychische Sperre in meiner Brust gelöst, und ich könnte weinen und lachen zugleich.«
Ich habe das deutliche Gefühl, dass es bei uns allen, die wir in die Alpen »vernarrt« sind, ähnlich ist wie bei dem grossen Wissenschaftler Saussure, dem »Vater des Alpinismus«, der 1787 am Gipfel des Mont Blanc stand: »Als ich die erhabenen Gipfel mir zu Füssen sah, erfasste ich ihre Beziehungen, ihre Zusammenhänge, ihren Bau, und ein einziger Blick beseitigte Zweifel, die Jahre der Arbeit nicht hatten aufhellen können.«

guerres écrit avec enthousiasme: «Je voudrais m'installer là et contempler, et contempler encore, puis crier ma joie et mon bonheur: ma joie devant la beauté du monde et mon bonheur devant la réalisation d'un vœu très cher; un sentiment différent s'empare également de moi: Une satisfaction des plus profondes, due à l'accomplissement d'un exploit particulier telle que chaque alpiniste n'a pas la joie de la ressentir». Cet amour de la nature est encore plus marqué chez Walter Bonatti: «Après une lutte de cinq jours, j'ai l'impression de ne faire qu'un avec la montagne et de devoir me battre éternellement pour atteindre un sommet imprenable. Pour la première fois je suis conscient d'avoir vaincu le pilier sud-est du Dru et d'avoir réalisé ‹l'impossible›. Alors, le blocage psychique se défait dans ma poitrine et je pourrais pleurer et rire en même temps».
J'ai la nette impression que nous tous, les amoureux fous des Alpes, nous partageons les sentiments de ce grand homme de science, Saussure, «le père de l'alpinisme», qui déclara, en 1787, au sommet du Mont-Blanc: «Lorsque je vis se dresser à mes pieds ces sommets majestueux, je compris leurs rapports, leurs points communs, leur construction, et un seul regard chassa des doutes que des années de travail n'avaient pu dissiper.»

another strange feeling overcomes me: a feeling of intense satisfaction over a special achievement, a feeling which is not granted to every mountaineer." Such love of nature is expressed even more strongly by Walter Bonatti: "After five days of struggle I feel as if I have become part of the mountain and that it is my fate to struggle for all eternity to master an inaccessible peak. For the first time I am conscious of the fact that I have conquered the southwest pillar of the Dru, and have achieved the 'impossible'. This has released a psychic barrier inside me, and I feel that I could laugh and weep at the same time."
I have the feeling that all of us who are 'in love' with the Alps have similar experiences to that of the great scientist Saussure, the "father of Alpinism", who ascended Mont Blanc in 1787: "When I saw the lofty peaks at my feet I suddenly understood their relationships, their structure, and a single glance removed doubts which years of work had been unable to dispel."

Alle Menschen werden die Wahrnehmung machen, dass man auf hohen Bergen, wo die Luft rein und dünn ist, freier atmet und sich körperlich leichter und geistig heiterer fühlt. Mir dünkt, als nähmen die Gedanken einen Anflug von Grösse und Erhabenheit an, stünden mit den Dingen, über die unser Blick schweift, in Einklang und atmeten eine gewisse ruhige Freude.

Jean-Jacques Rousseau

En effect, c'est une impression générale qu'éprouvent tous les hommes quoiqu'ils ne l'observent pas, tous que, sur les hautes montagnes où l'air est pur et subtil, on se sent plus de facilité dans la respiration, plus de légèreté dans le corps, plus de sérénité dans l'esprit, les plaisirs y sont moins ardents, les passions plus modérées, les méditations y prenent je ne sais quel caractère grand et sublime, proportionné aux objets qui nous frappent, je ne sais quelle volupté tranquille qui n'a rien d'âcre et de sensuel.

Jean-Jacques Rousseau

Everyone will experience the feeling that on high mountains, where the air is pure and thin, one breathes more freely, and feels bodily lighter and in better spirits. It seems to me that one's thoughts take on a touch of greatness and nobility, harmonize with the things we can see, and breathe a certain restful joy . . .

Jean-Jacques Rousseau

Sich vorzustellen, wie die Alpen entstanden sind, wie sie wuchsen und nun zerfallen, gehört für mich zum Bergerlebnis wie das Dahinspazieren, das Hinaufsteigen, der Sonnenuntergang.

Piz Bernina und Piz Roseg/Schweiz

Se représenter la façon dont les Alpes sont nées, leur croissance et leur usure actuelle, c'est une façon pour moi d'apprécier la montagne autant que par la randonnée, l'escalade et le coucher du soleil.

Le Piz Bernina et le Piz Roseg/Suisse

To me, imagining how the Alps were created, how they developed and are now decaying, is just as much a part of mountaineering as walking, climbing, or the sunset.

Piz Bernina and Piz Roseg/Switzerland

In den Eiszeiten waren viele Täler gefüllt mit Gletschern, und mancher Höhenrücken war noch nicht zu sehen.

Zermatter Breithorn mit Gornergletscher/Schweiz

A l'époque glaciaire, de nombreuses vallées étaient comblées par des glaciers et certaine hauteur n'était pas encore visible.

Le Breithorn de Zermatt et le glacier de Gorn/Suisse

During the Ice Ages many valleys were blocked by glaciers, and quite a few ridges were not yet visible.

Breithorn near Zermatt, with Gorner Glacier/Switzerland

Die Gletscher wichen zurück, Felsgrate brachen durch, die heutige Landschaft wurde frei.

◀ Firn und Fels, Eis und Gletscher der Pasterze am Fusse des Grossglockners/Österreich
▶ Blick vom Piz Languard gegen Piz Lagalp und Berninapass/Schweiz

Les glaciers reculèrent, des arêtes rocheuses s'écoulèrent, le paysage actuel se libéra.

◀ Neiges éternelles et rochers, glace et glacier du Pasterze au pied du Grossglockner/Autriche.
▶ Vue du Piz Languard vers le Piz Lagalp et le col de la Bernina/Suisse

The glaciers retreated, ridges appeared, and the landscape we know emerged.

◀ Névé and rock, ice and glacier on Pasterze at the foot of Grossglockner/Austria
▶ View from Piz Languard towards Piz Lagalp and the Bernina Pass/Switzerland

Als das Eis aufbrach und der Schnee schmolz, begann das Leben.

◄ Totes Gebirge/Österreich
► Gletscherabbruch bei der Chelenalp, Uri/Schweiz

Lorsque la glace se cassa et que la neige fondit, la vie se mit alors à commencer.

◄ La Totes Gebirge (montagne morte)/Autriche.
► Séracs provenant d'un glacier dans les Alpes de Chelen, Uri/Suisse.

As the ice began to recede and the snow melted, life began...

◄ Totes Gebirge/Austria
► Ice-fall near Chelen Alp, Uri/Switzerland

Zwischen Frühling und Herbst schob sich die Vegetation weiter und weiter nach oben.

◄ Dachsteinmassiv/Österreich
► Zinalrothorn und Besso/Schweiz
►► Mont Blanc mit Grandes Jorasses/Frankreich

Entre le printemps et l'automne, la végétation s'étendit de plus en plus sur les pentes.

◄ Le massif du Dachstein/Autriche.
► Le Zinalrothorn et le Besso/Suisse
►► Le Mont Blanc avec les Grandes Jorasses/France

Between spring and autumn the vegetation gradually encroached on the higher regions.

◄ Dachstein Massif/Austria
► Zinal Rothorn and Besso/Switzerland
►► Mont Blanc with Grandes Jorasses/France

Und immer wieder zog die Reihe der glänzenden Eisgebirge das Aug' und die Seele an sich ... Wenn sie dann erst selbst in der Reinheit und Klarheit der freien Luft mannigfaltig daliegen; da gibt man gern jede Prätension ans Unendlich auf, da man nicht einmal mit dem Endlichen im Anschauen und Gedanken fertig werden kann ...

Johann Wolfgang von Goethe

Le défilé des montagnes glacées ne cessait d'attirer nos regards et notre âme... Leurs silhouettes se profilent dans la pureté et la clarté de l'air ; on oublie l'infini puisque l'on ne peut même pas, du regard et de la pensée, englober le fini...

Johann Wolfgang von Goethe

The series of glittering, icy mountains attracted one's eyes again and again... When they rise there in all their variety in the purity and clarity of the free air one gladly gives up all pretensions to eternity, realizing that one can never even finish looking at, and thinking about, earthly things...

Johann Wolfgang von Goethe

Und so sind die Alpen entstanden – mit ihren Gipfeln, Gletschern, den Wäldern, den Tälern. Eine harmonische Welt zwischen Wasser und Wolken.

Gran Paradiso/Italien

C'est de cette manière que se formèrent les Alpes – avec leurs sommets, leurs glaciers, leurs forêts, leurs vallées. Une unité harmonieuse d'eau et de nuage.

Le Gran Paradiso/Italie

And that is how the Alps developed – with their peaks, glaciers, forests, and valleys in absolute harmony with water and clouds.

Gran Paradiso/Italy

Urlandschaft

Die Entstehung der Alpen ist mir beim Wandern durch wilde Schluchten, an steilen Felswänden kletternd, und auf einsamen Gipfeln schneller aufgegangen als in der Schule. Besonders in den frühen Morgenstunden, wenn die Sonne die leichten Nebel durchbricht, oder am Abend, wenn das Licht- und Schattenspiel am intensivsten wird, verstehe ich oft intuitiv, wie alles gekommen ist, welche Kräfte hier am Werk waren, wie die Verwitterung die Alpen zerfrisst. Es ist, als ob ich bei der Schöpfung dabei sein könnte. Natürlich denke ich in solchen Augenblicken nicht an Daten, nicht an geologische Fakten, auch nicht an die Theorie über die Kontinentalverschiebung; aber ich sehe, erkenne Zusammenhänge, bin wie eingebettet in dieses Werden und Zerfallen.
So gesehen sind die letzten Urlandschaften in den Alpen ein Schlüssel zum naiv-intuitiven Verständnis der Welt und müssen als solche erhalten werden.
Einen Überblick nur über die Entstehung der Alpen will ich hier geben, eine Art Schlüssel zum geologischen Verständnis der »Täler und Höhen«.
Der Bildungsablauf der Alpen gliedert sich zeitlich in zwei grosse Abschnitte: In einer ersten Zeitspanne – sie dauerte mehr als 100 Millionen Jahre – gelangten die alpinen Sedimentgesteine zur Ablagerung; in einem zweiten, viel kürzeren Abschnitt wurden diese Gesteine zu einer mächtigen Gebirgskette, den heutigen Alpen, übereinandergeschoben, herausgehoben.
Diese beiden Zeitabschnitte bei der Entstehung der Alpen sind im geologischen Sinne

Un paysage à l'état pur

La formation des Alpes m'est apparue plus rapidement en parcourant des gorges sauvages et en grimpant le long de parois escarpées que pendant mes années d'école. Et cela plus particulièrement aux premières heures du matin, à l'aube, quand le soleil traverse les brumes légères ou le soir quand le jeu de lumière et d'ombre s'intensifie, je comprends souvent intuitivement comment tout cela est arrivé, quelles forces sont entrées en jeu et le travail d'érosion des éléments. J'ai l'impression de pouvoir participer à la création. Bien sûr, je ne pense pas alors à des données précises, à des faits géologiques, encore moins à la théorie du glissement continental ; mais je vois, je reconnais des rapports, je suis plongé dans ce processus de constitution et de démolition.
Vus sous cette perspective, les derniers paysages naturels des Alpes permettent une compréhension naïve intuitive du monde et nous devons, pour cette raison, les conserver.
Je veux donner ici un aperçu de la formation des Alpes, une sorte de clé nécessaire à la compréhension géologique des « monts et des vaux ».
La formation des Alpes se divise en deux grandes époques : dans un premier temps – qui dura plus de 100 millions d'années – les sédiments alpins se déposèrent ; dans un deuxième temps beaucoup plus restreint, ces gisements sédimentaires se plissèrent pour devenir une puissante chaîne montagneuse, les Alpes actuelles ; elles se poussèrent et s'amoncelèrent les unes sur les autres.
Ces deux périodes de la formation des Alpes sont géologiquement marquées par un mouve-

Primeval Landscape

While walking through wild gorges, climbing steep rock faces, and ascending lonely peaks I found it much easier to understand how the Alps were formed than I ever did at school. Especially in the early hours of the morning, when the sun breaks through the light mist, or in the evening, when the play of light and shade is most intensive, I often intuitively grasp how it all came into being, what forces were at work here, or how erosion is modifying the Alps. It is almost as if I were present at the creation. At such moments I naturally do not think in geological terms, or of the theory of continental drift; but I can see, can recognize relationships, feel that I am a part of this process of creation and decay.
Seen like this, the last surviving primeval areas of the Alps are a key to a naive, intuitive understanding of the world, and as such should be preserved.
In the following I should like to provide a survey of the formation of the Alps, a kind of key to the geological understanding of the "valleys and heights".
The formation of the Alps falls into two major periods. In the first period, which lasted for more than 100 million years, the Alpine sedimentary rocks accumulated. In the second, much shorter period, these rock layers were folded and uplifted to form the mighty Alpine system.
Both of these periods were marked by movements of the earth's crust. In the first, the so-called geosynclinal period, subsidence of the floor took place at the beginning of the Triassic Period (about 220 million years ago) and led to the formation of a great, generally shal-

von einer gegenseitigen Bewegung der Erdkruste gekennzeichnet. Im ersten, dem sogenannten geosynklinalen Abschnitt, kam es zu Beginn der Trias (vor 220 Millionen Jahren) zur Absenkung des Untergrundes und zur Bildung eines überwiegend flachen Meeres, der Tethys. Dieses Geosynklinalmeer war im Erdmittelalter ein langgestrecktes »Mittelmeer«, das sich vom heutigen Atlantik über den Atlas, die Pyrenäen, die Alpen, den Kaukasus, die Zagrusketten in Persien, den Himalaya und den indonesischen Archipel bis zum Pazifik erstreckte. Die Tethys trennte den alten euroasiatischen Kontinent von Afrika und Indien.
Im alpinen Bereich gliederten drei Schwellen dieses Meer in vier ost-west-gerichtete Teiltröge. In den vier Senkungen kam es im Laufe von rund 100 Millionen Jahren zu unterschiedlichen Meeresablagerungen: Küsten- und Lagunensedimente, mächtige Riffbildungen. Solche Sedimente sind heute nahezu unverändert in den Nördlichen Kalkalpen oder in den Südtiroler Dolomiten sichtbar.
Die marine Überflutung, die mit Beginn der Trias einsetzte, hielt in den Alpen generell bis in die Unterkreide (vor ca. 130 Millionen Jahren) an, lokal auch bis in das ältere Tertiär (vor ca. 60 Millionen Jahren).
In der Oberkreide (vor 140 bis 150 Millionen Jahren) begann die eigentliche Gebirgsbildung. Die Ursache dafür dürfte ein Anschub des afrikanischen Kontinents an den damaligen europäischen Kontinent gewesen sein. Die im Meer abgelagerten Sedimente, die bis zu 1000 m mächtig waren, wurden infolge dieses Anschubs von ihrer Unterlage abgetrennt, zerbrochen, gefaltet und wie Decken übereinan-

ment contraire de l'écorce terrestre. Pendant la première période, appelée géosynclinale, il y eut un affaissement du sous – sol au début du tertiaire (il y a 220 millions d'années), et une mer essentiellement plate se forma, la Téthys. Cette mer géosynclinale était, au moyen âge terrestre une longue « mer Méditerranée » qui s'étendait de l'actuel Atlantique vers l'Atlas les Pyrénées, les Alpes, le Caucase, la chaîne du Zagros en Perse, l'Himalaya et l'archipel indonésien jusqu'au Pacifique.
La Téthys séparait le vieux continent euroasiatique de l'Afrique et de l'Inde.
Dans le secteur alpin, trois seuils séparaient cette mer en quatre auges dirigées d'est en ouest. Des sédiments marins variés s'accumulèrent dans ces quatre auges au cours de quelque 100 millions d'années : des sédiments des côtes et des lagunes, d'importantes formations de récifs. De tels sédiments existent encore presque à l'état originel dans les Alpes calcaires du Nord ou dans les Dolomites du Tyrol du Sud. L'invasion marine commença au début du tertiaire et, dans les Alpes, elle tint généralement jusqu'à la période crétacée inférieure (il y a à peu près 130 millions d'années) et, localement, jusqu'à la fin du tertiaire (il y a environ 60 millions d'années).
C'est pendant la période crétacée supérieure (il y a 140 à 150 millions d'années) que commença la véritable formation montagneuse. La cause en a été, sans doute, une poussée donnée par le continent africain au continent européen d' alors. Les sédiments marins dont certains avaient presque une hauteur de 1000 m furent, à la suite de cette poussée, séparés de leur soubassement, cassés, plissés

low sea, the Tethys. During the middle ages of the earth's development, this geosynclinal ocean stretched like a giant Mediterranean Sea from the modern Atlantic across the Atlas Mountains, the Pyrenees, the Alps, the Caucasus, the Zagros Mountains in Iran, the Himalayas, and the Indonesian Archipelago, to the Pacific. The Tethys separated the old Eurasian continent from the Afro-Indian continent to the south.
In the Alpine region, three barriers divided this sea into four troughs running east to west. In the course of about 100 million years, various kinds of deposits accumulated in these troughs: coastal and lagoon deposits, and immense reefs. Sediments of this kind can be seen today almost unchanged in the northern limestone Alps or in the Dolomites of South Tirol. Marine conditions, which began at the beginning of the Triassic Period, persisted in the Alpine region in general until the Lower Cretaceous Period (about 130 million years ago) and in some parts into the early Tertiary Era (about 60 million years ago). The actual development of the mountains began in the Upper Cretaceous Period (about 140 to 150 million years ago). The cause appears to have been a thrust by the Afro-Indian continent northwards against the Euro-Asian continent. The sediments deposited in the ocean, some nearly 3,500 ft thick, were separated from their base by the thrust, crumpled, folded, and pleated. During this process older sediments and crystalline substructures were frequently piled up on top of younger layers. At places where the folding was intense, the rocks were subjected to high pressure and temperatures

dergeschoben. Dadurch gelangten häufig ältere, im Meer früher abgelagerte und ursprünglich tiefer liegende Gesteine über jüngere Schichten zur endgültigen Lagerung.
An Stellen mit besonders starker Überlagerung wurden die Gesteinspartien hohem Druck und Temperaturen bis zu mehreren hundert Grad Celsius ausgesetzt. Die Gesteine passten sich an diese veränderten Bedingungen durch eine Veränderung ihres Mineralgehalts an, es kam zu Umwandlungen. Dieser Vorgang wird von Geologen als Metamorphose bezeichnet. Auf diese Weise sind aus »weichen«, tonreichen Gesteinen (Sedimentgesteine), wie sie heute noch zum Beispiel im südalpinen Bereich vorliegen, die harten Gneise (Umwandlungsgesteine) der Zentralalpen entstanden.
Verbunden mit den gewaltigen Bewegungen der Deckenüberschiebungen drangen aus tieferen Bereichen schmelzflüssige Gesteinsmassen in höhere Deckenpartien auf. Diese Intrusionen schmolzen manchmal höhere Deckenpartien mit ein und erstarrten schliesslich. Ein Beispiel dafür sind die Granitmassen des Bergell (vulkanische Gesteine).
Die zunehmende Einengung bewirkte schliesslich, dass der gesamte Alpenkomplex stark herausgehoben wurde und damit auch der Erosion durch Witterungseinflüsse ausgesetzt war. Die Abtragung durch Witterungseinflüsse in Verbindung mit Härteunterschieden der Gesteine führte vor allem an Deckengrenzen (tektonische Grenzen) zur Bildung der heutigen Talsysteme und formte zusammen mit den eiszeitlichen Gletschern die Alpen zu ihrer heutigen Gestalt.

et empilés les uns sur les autres comme des couvertures. C'est ainsi que des structures rocheuses plus anciennes formant les couches inférieures recouvrirent souvent définitivement des couches plus nouvelles. Là où la superposition était la plus forte, les roches subirent une forte pression et des températures allant jusqu'à 100° C. Les structures rocheuses s'adaptèrent à ce changement de conditions grâce à une transformation de leur composition minérale : Les géologues appellent ce processus une métamorphose. Ainsi, les roches «molles» riches en argile (les roches sédimentaires), comme on en trouve encore, par exemple, dans les Alpes du Sud devinrent le gneiss dur (roches métamorphiques) que l'on trouve dans les Alpes centrales.
En raison des énormes mouvements provoqués par la superposition des couches, des masses rocheuses éruptives se frayèrent un chemin parmi les couches plus profondes et allèrent recouvrir les parties supérieures. Ces intrusions firent quelquefois fondre ces zones supérieures qui finirent par se figer en s'entremêlant. Les masses de granit du val de Bregaglia (masses volcaniques) illustrent bien ce phénomène.
L'espace devenait de plus en plus étroit de sorte que le complexe alpin fut particulièrement soulevé et exposé ainsi à l'érosion provoquée par les intempéries. Ce facteur ajouté à la différence de dureté des roches contribua, surtout à la lisière des couches (lisière tectonique), à la formation du système actuel de vallées et donna, avec les glaciers de l'époque glaciaire, leur silhouette actuelle aux Alpes.
L'homme a, avec l'essartage, le tourisme et

of up to several hundred degrees centigrade. Under these conditions, the rock underwent a process of change known to geologists as metamorphosis. This was how the "soft", argillaceous rocks (sedimentary rocks rich in clay) of the kind to be found today in the Southern Alps were converted into the hard gneisses (metamorphic rock) of the Central Alps.
While the tremendous thrusting movements of the upper layers were taking place, molten rock was forced up to surface areas from lower regions. These intrusions sometimes melted higher layers before cooling off and solidifying. An example of this kind of rock are the granite masses in the Bergaglia region (volcanic rocks).
The continuing thrust northwards also had the effect of uplifting the whole of the Alpine system, and thus exposing it to the effects of erosion.
The erosion of the mountains, combined with differences in degrees of hardness of the rock resulted – especially at tectonic borderlines – in the formation of the present valley systems, and, together with the glaciers of the Ice Ages, shaped the Alpine system as we know it today.
By clearing forests, and by developing industry and tourism, man has transformed this primeval region, and destroyed the original character of the Alps.

Der Mensch hat mit der Rodung, der touristischen und industriellen Erschliessung aus dieser Urlandschaft eine »Kulturlandschaft« geschaffen, damit aber auch das Bild und den Charakter der Alpen gestört.

l'industrie, transformé ce paysage naturel en un «paysage cultivé» et il a détruit ainsi l'image et le caractère des Alpes.

Die Wasser vor allem sind es ..., ob sie zu Eis erstarrt sind und sich langsam wieder tropfend und quillend wandeln, ob sie in kristallener Weisse die Gipfel und Kämme decken und donnernd zu Tal gehen ..., ob sie in wilden Fluten vermurend über die Hänge stürzen und durch die Klausen brechen, ob sie im raschen Lauf der Gebirgsflüsse durch die Täler strömen ...

Hans Leifhelm

Les eaux surtout ... qu'elles soient figées dans la glace pour se retransformer lentement, s'égouttant et coulant, ou bien qu'elles recouvrent d'un blanc cristallin les sommets et les crêtes pour descendre en grondant dans la vallée ..., qu'elles dévallent les pentes, en des flots sauvages, rompant les défilés, ou bien qu'elles empruntent le cours rapide des torrents pour traverser les vallées.

Hans Leifhelm

Above all it is the waters ... whether they have congealed to ice and are gradually dripping and trickling to life, whether they bemantle the peaks and ridges and thunder down into the valleys ..., whether they crash in wild torrents down the falls and seethe through the gorges, or flow as swift mountain streams through the valleys ...

Hans Leifhelm

Das Eis schmilzt und fliesst in vielen Rinnsalen und Bächen talwärts.

Totensee am Grimselpass/Schweiz

La glace fond et emprunte de nombreuses rigoles et ruisseaux en descendant dans la vallée.

Le Totensee près du col du Grimsel/Suisse

The ice melts and flows towards the valley in countless rivulets and streams.

Lake of the Dead at Grimsel Pass/Switzerland

Aus Sturzbächen werden Wildbäche.

◄ Wasserfall bei Hintertux/Österreich
► Feevispa mit Alphubel und Täschhorn/Schweiz

Les ruisseaux se transforment en torrents.

◄ Une cascade aux environs d'Hintertux/Autriche
► La Feevispa avec l'Alphubel et le Täschhorn/Suisse

Waterfalls add momentum to the mountain torrents.

◄ Waterfall near Hintertux/Austria
► Feevispa with Alphubel and Täschhorn/Switzerland

Auf ihrer abenteuerlichen Reise stossen sich die Wildbäche die Hörner ab, werden zunehmend erwachsen und zahmer und fliessen schliesslich gemächlich oder majestätisch in einen See oder ins Meer.

Die Enns im Gesäuse mit Reichenstein/Österreich

Pendant leur course aventureuse, les torrents se calment, s'assagissent avec lâge, deviennent toujours plus calmes pour aller se jeter nonchalammant et avec majesté dans un lac ou dans la mer.

L'Enns dans le Gesäuse avec le Reichenstein/Autriche

After their youthful excesses, the mountain torrents become tamer, more easy-going, and finally flow with dignity or even majestically into a lake or the sea.

The River Enns in Gesäuse Gorge with Reichenstein/Austria

Wolken ziehen auf: Die Alpen erwarten Regen, Gewitter, Schnee.

◂ Bürgenstock und Vierwaldstättersee/Schweiz
▸ Blick vom Pilatus/Schweiz

Des nuages montent : les Alpes attendent la pluie, l'orage et la neige.

◂ Le Bürgenstock et le lac des Quatre-Cantons/Suisse
▸ Vue du Pilate/Suisse

Clouds gather: the Alps are expecting rain, storms, snow.

◂ Bürgenstock and Lake Lucerne/Switzerland
▸ View from Pilatus/Switzerland

Die Jahreszeiten, das wechselnde Wetter, Hitze und Frost beeinflussen und verändern die Landschaft der Alpen.
Watzmann und Hochkalter/Deutschland

Les saisons, le temps changeant, la chaleur et le gel influencent et transforment sans cesse le paysage alfin.
Le Watzmann et le Hochkalter/Allemagne

The seasons, changing weather, heat and frost, are continuously influencing and altering the landscape of the Alps.
Watzmann and Hochkalter/Germany

... alles ist im Augenblick vergessen und macht dem Gefühl der reinsten Freude und Unbekümmertheit Platz, das nur der Bergsteiger empfinden kann, der je seine müden Glieder auf sonniger Höhe und in einem stillen, windgeschützten Winkel von sich gestreckt hat. Jeder leiseste Gedanke an Schmerz und Sorgen ist entschwunden, und das Glück, nach dem man so oft im Leben umsonst gehascht hat, sitzt plötzlich friedlich zwischen den granitenen Zinnen und blickt einem lächelnd in die Augen.

Albert Frederic Mummery

Tout est oublié à cet instant, emporté par un sentiment de joie très pure et d'insouciance que, seul, l'alpiniste peut éprouver en étirant ses membres fatigués, sur une hauteur ensoleillée, à l'abri du vent. Il a oublié ce que sont la douleur et les soucis, et le bonheur qu'il a si souvent et vainement cherché est brusquement là, entre les créneaux de granite et nous regarde, en souriant, au fond des yeux.

Albert Frederic Mummery

... everything is immediately forgotten, and makes way for a carefree feeling of pure joy which only a mountaineer can experience when he stretches out his tired limbs on the sunny heights in a quiet, protected place. Even the slightest thought of pain or worry disappears, and happiness, which one has snatched at vainly so often in life, is suddenly sitting peacefully among the granite pinnacles and laughing into one's eyes. (Paraphrase)

Albert Frederic Mummery

Das Wasser schwemmt die Alpentäler aus, als Eis sprengt es die Felsen.
Milchspüeler in den Glarner Alpen/Schweiz

L'eau décape les vallées alpines et la glace fait sauter les rochers.
Le Milchspüeler dans les Alpes de Glaris/Suisse

Running water washes out the Alpine valleys; as ice, it shatters the rock.
A stream of "glacier milk" in the Glarus Alps/Switzerland

Eis, Wasser und Wolken

»Felsplatten, auf dünnem Eisstiele aufsitzend, riesigen Pilzen gleich, Gletschertische geheissen. Verlassen standen sie umher, als hätte das Tageslicht Eismänner und Salige Fräulein von nächtlich üppiger Tafel gescheucht. Da mochte es hoch hergegangen sein, war doch manch einer zur Seite geneigt, unter der Last köstlicher Speisen und eisigen Trunkes. Nüchterne Forscher freilich ahnten nichts vom heimlichen Leben der Eiswelt. Sie schrieben es dem Abschmelzen zu, bei dem die Sonne auf der Südseite den Sockel frass.« Mit diesen Worten beschreibt Georg Freiherr von Ompteda im Jahre 1909 eine Gletscherlandschaft in den Alpen.
Aus dem 16. und 17. Jahrhundert gibt es zahlreiche erschütternde Berichte von Überschwemmungen in einzelnen Alpentälern, hervorgerufen durch die Ausbrüche von Seen, die durch vorstossende Gletscher aufgestaut wurden. Schon früher jedoch wurde der Wert der Gletscher als Wasserspeicher erkannt. Im Vintschgau und im Wallis kann man heute noch die Reste alter Bewässerungskanäle hoch über dem Talboden sehen. Den Gletschern ist es mit zu verdanken, dass die niederschlagsarmen inneren Alpentäler grün und fruchtbar sind.
Die Vergletscherung in den Alpen beträgt rund 3600 km²; davon entfallen ca. zwei Drittel auf die Westalpen, ca. ein Drittel auf die Ostalpen. Der grösste Alpengletscher ist der Grosse Aletschgletscher in den Berner Alpen; die grössten Gletscher der Ostalpen sind das Pasterzenkees in den Hohen Tauern und der Gepatschferner in den Ötztaler Alpen.
Der häufigste Gletschertyp in den Alpen ist

La glace, l'eau et les nuages

«Des plaques rocheuses, posées sur de minces bâtonnets glacés, semblables à des champignons géants, appelées tables glaciaires. Elles étaient là, abandonnées, comme si la lumière du jour avait chassé les lutins des neiges et leurs demoiselles d'une riche tablée nocturne. Ils avaient dû faire une folle liesse et plus d'un s'était, sans doute, incliné sous le poids d'une chère délicieuse et des boissons glacées. Des chercheurs réalistes ne soupçonnaient certes pas cette vie secrète du monde des glaces. Ils en rendaient responsable le soleil qui rongeait le côté sud du socle.» Le baron Georg von Ompteda décrit ainsi, en 1909, un paysage glaciaire des Alpes.
De nombreux récits affligeants des 16ème et 17ème siècles témoignent d'inondations dans les différentes vallées des Alpes, provoquées par le déferlement des eaux des lacs, dû à l'avancée d'un glacier. Mais, on avait cependant reconnu la valeur des glaciers en tant que réservoir d'eau. Dans le val Venosta et dans le Valais, on peut voir encore de nos jours les restes de vieux canaux d'irrigation construits jadis en hauteur. Les vallées recevant très peu d'eau de pluie doivent aux glaciers leur aspect verdoyant et leur fertilité.
La surface glaciaire des Alpes compte à peu près 3600 km², dont les deux tiers environ recouvrent les Alpes occidentales et un tiers, les Alpes orientales. Le plus grand glacier des Alpes est l'Aletsch dans les Alpes bernoises ; les plus grands glaciers des Alpes orientales sont le Pasterzenkees, dans le Haut Tauern, et le Gepatschferner, dans les Alpes d'Ötztal. Le type de glacier alpin le plus courant est le glacier de vallée qui prend son origine le plus

Ice, Water, and Clouds

"Flat stones perched on thin ice pedestals, resembling giant mushrooms, called glacier tables. They stood around, deserted, as if daylight had frightened snowmen and women away from a nocturnal feast. Some of the tables, no doubt groaning with the weight of exquisite delicacies and ice-cold drinks, had tipped to one side. Rational scientists, unable to imagine the secret life of the glacial world, attributed them to the melting away of the ice as the sun ate into the south side of the pedestal." This was how Georg, Baron Ompteda described one of the features of an Alpine glacier in 1909.
There are many moving reports from the 16th and 17th centuries of floods in Alpine valleys caused by glaciers, but on the other hand, the value of glaciers as sources of water was recognized very early. The remains of old irrigation canals can still be seen high above the floors of the valleys in the Vintschgau and Valais regions. It is thanks to the glaciers that the otherwise rather dry Alpine valleys are green and fertile.
The Alpine glaciers cover a total area of about 1,400 sq.m., of which about two thirds are in the Western Alps, and one third in the Eastern Alps. The largest Alpine glacier is the Great Aletsch Glacier in the Bernese Alps; the largest one on the Eastern Alps is Pasterzenkees in the Hohe Tauern and Gepatschferner in the Ötztal Alps.
The most common type of glacier in the Alps is the valley glacier which usually has its origins in a high-lying firn basin (firn = compacted snow) and flows through the valley to a point far below the summer snow limit. It con-

der Talgletscher, der seinen Ursprung meist in hochgelegenen Firnmulden hat und durch das darunterliegende Tal bis weit unter die sommerliche Schneegrenze fliesst. Man gliedert ihn in Firnfeld und Gletscherzunge. Mehrere Gletscher, die aus getrennten Firnmulden kommen, können sich zu einem Eisstrom vereinigen. Die Gletscherbewegung ist eine Bewegung eigener Art, zusammengesetzt teils aus Gleiten, teils aus zähem Fliessen; sie wird als plastisches Gleiten bezeichnet. Sie ist eine kontinuierliche, ununterbrochene und langsame Bewegung; sie nimmt im allgemeinen mit der Gletschergrösse zu. Auch das Gefälle hat Einfluss auf die Geschwindigkeit der Gletscherbewegung. Die Durchschnittsgeschwindigkeit der Alpengletscher beträgt ungefähr 60 m im Jahr.
Die unregelmässige Gletscherbewegung und der ungleiche Untergrund sind die Ursachen für die Entstehung von Gletscherspalten. Wird das Felsbett des Gletschers steiler und nimmt daher seine Geschwindigkeit zu, so bilden sich Querspalten; sie sind gletscherabwärts leicht konkav und übersteigen als keilförmige Risse selten eine Tiefe von 30 m. Fliesst der Gletscher über eine sehr steile Geländestufe, entsteht ein Eisbruch mit riesigen Eisquadern und Zacken (Séracs).
Moränen und Gletscherschliffe sind sichtbare Beweise für die Verwitterung. Moränen sind Schuttablagerungen; mit Lawinen, Muren, Bergstürzen und Rutschen kommt Schutt auf die Gletscher; im Firngebiet wird dieser Schutt fortwährend mit Schnee bedeckt und gelangt so ins Eisinnere. Der Gletscherstrom drängt die Steine wieder an den Rand, wo sie sich als

souvent dans des névés situés très haut et qui descend vers la vallée, dépassant largement la limite des neiges estivales. Il se divise en névé et langue glaciaire. Plusieurs glaciers sortant de crevasses séparées peuvent se regrouper et former un fleuve de glace. Le mouvement glaciaire est un mouvement particulier composé, en partie, d'un glissement et d'un mouvement visqueux de coulée ; on l'appelle un glissement plastique. C'est un mouvement continu, ininterrompu et lent ; en général, il augmente selon la taille du glacier. La vitesse moyenne des glaciers alpins est, environ, de 60 m par an.
Le mouvement irrégulier du glacier et l'inégalité de son terrain provoquent des crevasses glaciaires. Si le lit du glacier devient plus raide et donc plus rapide, des crevasses transversales se forment; elles sont légèrement concaves, en aval, et, en forme de biseau, elles dépassent rarement une profondeur de 30 m. Lorsque le glacier coule sur un épaulement très escarpé, il se crée une cassure glaciaire produisant de gigantesques blocs de glace carrés ainsi que des séracs. Si le glacier rejoint, après un passage étroit, un lit plus large – ou bien, si son lit devient trop large, après une forte fonte – il y a formation de crevasses médianes. La différence de vitesse entre le milieu et les bords du glacier provoque des crevasses latérales.
Les moraines et les drumlins sont les preuves visibles de l'érosion. Les moraines sont des dépôts de débris ; les avalanches, les fleuves de boue, les éboulements de montagnes et les glissements de terrain amènent des débris sur les glaciers ; dans la région des névés, ces

sists of a firn field which feeds it, and a tongue. A number of glaciers originating in separate firn basins can join to form a broad river of ice. Glacial movement is a complex thing composed partly of gliding and partly of viscous flowing; under the overlying weight, the ice flows like plastic. It is a continuous, uninterrupted, slow movement, usually increasing with the size of the glacier, but also influenced by the gradient. The average speed of the Alpine glaciers is about 200 ft a year. The irregular movement and varying terrain over which the glacier travels causes crevasses in the surface. When the slope steepens, and the speed of the glacier increases, transverse crevasses are formed; they are slightly concave on the downward side, wedge-shaped, and rarely more than 100 ft deep. When a glacier flows over a steep step an icefall occurs, forming a labyrinth of huge ice blocks and séracs (ice-pinnacles).
When a glacier flows into a broader bed after a bottleneck, or when the bed becomes too wide due to rapid melting, longitudinal crevasses occur. Crevasses along the edge of a glacier are due to different rates of flow between the middle and the edges of the glacier.
Moraines and abrasion marks are visible evidence of the erosive action of glaciers. Moraines are piles of detritus deposited by glaciers; detritus gets onto the glacier as a result of avalanches, landslides, rock slides, or rock falls; in the firn area it is continuously snowed on, and so gradually works its way into the glacier. The glacial flow forces the rocks and stones to the sides, where they form morai-

Moränen ablagern. An den Moränen lassen sich somit die früheren Gletscherhochstände leicht feststellen. Um 1850 war der letzte Hochstand; kurz danach begann der allgemeine Rückzug der Gletscher, unterbrochen durch kurze Vorstossphasen um 1890 und 1920. Seit 1930 ist jedoch der Rückzug der Gletscher besonders stark und ohne Unterbrechung im Gange.
Nur etwa 10 bis 40 cm schieben sich die Alpengletscher täglich talwärts – und dennoch genügt die unablässig wirkende Gewalt der Eismasse zur Bildung von immer neuen Spalten, zum Einsturz von Eismauern.
Während der Eiszeit bedeckten die Gletscher mehrmals bis zu 70 Prozent der Alpen. Durch ihre schürfende Bewegung und die Frostsprengung sowie das Fehlen eines schützenden Pflanzenkleides war in der Eiszeit die Abtragungsrate wesentlich höher als heute. Doch nicht nur durch die Gletscher verändert sich die Gestalt der Alpen; ihr Gestein wird auch vom Wetter angegriffen und zerstört. Ausdehnen und Zusammenziehen als Folge des täglichen Wechsels von Sonnenbestrahlung und nächtlicher Abkühlung lockern das Gesteinsgefüge. Das Niederschlagswasser dringt in feine Risse und Klüfte ein und erweitert sie beim Gefrieren stetig, bis ganze Türme vom Hauptmassiv abgesprengt werden.
Das grosse Gefälle der Gebirgsflüsse hat eine hohe Strömungsgeschwindigkeit zur Folge. Die Flüsse schneiden sich in den Untergrund ein und entfernen damit weiteres Gestein aus den Tälern. Diese linienhaft wirkende Erosion bewirkt zusammen mit der flächenhaft wirkenden Denudation, dass das Gebirge lang-

matériaux sont sans arrêt recouverts de neige et pénètrent ainsi à l'intérieur de la glace. Le fleuve glaciaire repousse les pierres vers le bord où elles forment des moraines. Grâce à elles on peut facilement déterminer les anciens niveaux du glacier. C'est aux environs de 1850 que s'est situé le dernier haut niveau ; peu après commença le retrait général des glaciers, interrompu, en 1890 et en 1920, par de courtes poussées. Depuis 1930 cependant, le retrait des glaciers est particulièrement fort et sans interruption.
Les glaciers alpins ne se déplacent que de 10 à 40 cm par jour en direction de la vallée – et cependant la force sans arrêt agissante de la masse de glace suffit à former des crevasses toujours nouvelles.
Pendant l'époque glaciaire, ces glaciers recouvrèrent plusieurs fois jusqu'à 70% des Alpes. En raison du mouvement de ravinement, des éclatements dûs au gel et de l'absence totale de végétation, la quantité de matériaux transportés était bien plus forte qu'aujourd'hui. Mais les glaciers ne sont pas les seuls à transformer les Alpes; leurs roches sont aussi attaquées et détruites par les intempéries. Se dilatant et se contractant selon que le soleil les rechauffe ou bien que le froid de la nuit les refroidisse, les roches se défont. Les eaux de pluie pénètrent dans les fines fissures et dans les failles et les agrandissent sans arrêt en se congelant, jusqu'à ce que des tours entières se détachent du massif principal. La forte déclivité des torrents provoque un courant très rapide. Quand ils sont dans la vallée, les fleuves creusent leur lit de façon profonde et charrient ainsi un bon nombre de maté-

nes. Thus moraines enable former levels of glaciers to be estimated. The last high level was around 1850; soon after that time the gradual retreat of the glaciers began, interrupted by short advances around 1890 and 1920. Since 1930 the retreat has been particularly fast, and uninterrupted. The Alpine glaciers thrust their way downhill at a speed of only about 4 to 16 inches a day – and nevertheless the continuous force exercised by the masses of ice constantly brings about the formation of new crevasses and ice-falls.
During the Ice Age the glaciers covered up to 70 % of the Alps. Due to their abrasive action, the effects of frost, and the lack of a protective mantle of vegetation, the erosive effect was much greater than it is today. But it is not only the glaciers that change the face of the Alps: weathering is another continuous destructive force. Expansion and contraction due to the daily temperature changes weaken the rock. Raim penetrates fine crevices and cracks widening them constantly as it freezes, breaking whole towers of rock away from the main massif. The steep courses of the mountain river lend considerable erosive force to the water they carry. The rivers cut their way into the floor of the valley, carrying away yet more rock. This kind of lineal erosion combines with the more general forces of denudation, and slowly wears the mountains away. Chemical weathering, or corrosion, reduces the rocks to their component parts. The effect of corrosion can be seen everywhere in the Alps where limestone comes to the surface. It leads to the rugged kind of surface called karst. If the terrain slopes, then eroded mate-

sam abgetragen wird. Durch chemische Verwitterung zersetzt sich das Gestein in seine Bestandteile. Überall, wo in den Alpen Kalkstein an die Oberfläche kommt, kann man an ihm Lösungsspuren sehen, die Karren oder Schratten genannt werden. Diese Lösungsverwitterung des Kalksteins führt zu Oberflächenformen, die als Karst bezeichnet werden.
Ist das Gelände geneigt, so folgt das Verwitterungsmaterial der Schwerkraft. Am Fuss von Steilwänden sammeln sich Schutthalden. Fliessendes Wasser transportiert den Schutt aus dem Gebirge.
Georg Freiherr von Ompteda schilderte die eben erklärten Vorgänge so: »Wasser und Sonne kämpften in diesen zermorschten Felsen, in Wechselwirkung vereint, die Kalkplatten zu sprengen, und durch ihre Töchter, Hitze und Kälte, ihre Söhne, Regen und Sturm, hinabzustürzen in die Tiefe. Sie frassen in die glatte Haut der Berge Kamine ein wie Runzeln, sie zermorschten den weissen Dolomit zu roten, fauligen Stellen, als ob eine alternde Schöne, die Farbe der Jugend verliere, sie liessen den schmelzenden Schnee niederrinnen, dass der Leib der Felsen schwarz ward, gleich einem dunklen Trauerkleide. Dann brachen Wände herunter, Nadeln stürzten ab, als weite Karrenfelder die Mulden füllend. All das Gestein mählich zerbröckelt ward, von den Himmelswässern in Rinnsalen, Bergbächen, Flüssen, Strömen in die Weltensee fortgetragen, die Mündungen verflachend, das Meer ausfüllend einmal. Das Meer, aus dem die Wasser in die Lüfte steigen, um wiederkehrend ihre Todesarbeit an den grossen Höhen zu tun: ein ewiger Kreislauf.«

riaux divers. Les fleuves entaillent leur fond et enlèvent ainsi d'autres matériaux aux vallées. Cette érosion linéaire ajoutée à l'érosion de surface fait que la montagne est lentement emportée. Les agents chimiques des intempéries détruisent les éléments des structures rocheuses.
Cette dissolution du calcaire due aux intempéries façonne des formes auxquelles on a donné le nom de relief karstique. Si le terrain est en pente, les éboulis suivent la force de pesanteur. Aux pieds des parois s'accumulent des haldes de déblais. L'eau vive entraîne les gravats de la montagne.
Le baron Georg von Ompteda décrit ainsi ces phénomènes : «L'eau et le soleil luttent sur ces rochers vermoulus, se disputant alternativement les plaques de calcaires qu'ils font sauter, leurs enfants, la chaleur et le froid, la pluie et la tempête, poussent ceux-ci dans l'abîme. Ils ont entamé la peau lisse de la montagne en fabriquant des cheminées qui ressemblent à des rides, ils ont terni le dolomite blanc par des plaques rouges et pourries, comme une beauté vieillissante perd l'éclat de la jeunesse, ils ont fait couler la neige fondue si bien que le corps des rochers noircit, revêt une robe de deuil. Ensuite, des parois se sont écroulées, des aiguilles sont tombées et ont rempli les ruz de leurs débris. Tous ces déchets ont été broyés menu et les eaux célestes les ont emportés dans les rigoles, les ruisseaux, les rivières et les fleuves vers l'océan où ils ont aplani les embouchures et rempli les mers. Les eaux de la mer s'évaporent dans les airs pour revenir parachever leur œuvre de bourreau sur les hauteurs : un circuit éternel.»

rial can be carried downward by gravity. Piles of detritus accumulate at the foot of cliffs, and running water helps to transport it further. Baron Ompteda describes these processes as follows: "Water and sun battled in these softened rocks, taking turn with the aid of their daughters heat and cold, and their sons rain and storms to break up the limestone blocks, and to send them crashing into the depths. They ate their way into the mountains to form cracks like wrinkles; they rotted the white Dolomites to form red, decaying places, with the effect of an ageing beauty losing her youthful complexion; they caused the melting snow to run across the rocks, turning them black as if they were in mourning. Then rock faces collapsed, pinnacles toppled, filling the basins with great stretches of rubble. The rocks and stones were gradually crumbled, carried down by the heavenly waters in rivulets, mountain streams, and rivers to the seas, levelling out the estuaries, and one day filling up the ocean. And from the ocean again rose the waters into the air to resume their deadly work in the great heights: a perpetual cycle."

Jeder Berg hat seine Stunde, wo er ganz besonders schön ist: Es ist nicht der Mittag, denn dann sind die Berge ganz erdrückt vom Licht. Es ist die Zeit der Morgen- und der Abenddämmerung, wenn die Sonne die Berge zum Leben erweckt oder sie flieht.

Gaston Rébuffat

Chaque montagne a son heure de beauté. Ce n'est pas à midi quand les montagnes sont écrasées de lumière. C'est à l'aurore et au couchant quand le soleil réveille les montagnes ou quand il les quitte.

Gaston Rébuffat

There is a time when all mountains are particularly beautiful: it is not at noon, for then they are flattened by the light. It is during morning and evening twilight, when the sun is awakening them to life or deserting them.

Gaston Rébuffat

Diese zarten, warmen Farben im Frühling, das intensive Licht!
Klöntalersee/Schweiz

Des couleurs printanières délicates et chaudes et l'intensité de la lumière.
Le lac de Klöntal/Suisse

The delicate, warm colours and brilliant light of spring.
Lake Klöntal/Switzerland

Zwischen Morgenlicht und Abendrot verändern sich die Felsgestalten fortwährend in Form, Kontur und Farbe.
Langkofel/Italien

De la lumière du matin au rouge du crépuscule, les rochers changent continuellement de forme, de contours et de couleurs.
Langkofel/Italie

The form, contours, and colours of the rock formations change constantly between dawn and dusk.
Langkofel/Italy

Im Winter ist der Himmel in den Alpen anders als im Sommer.

◀ **Forggensee/Deutschland**
▶ **Blick vom Säntis/Schweiz**

En hiver, le ciel des Alpes est différent de celui de l'été.

◀ **Le Forggensee/Allemagne**
▶ **Vue du Säntis/Suisse**

A typical winter sky in the Alps.

◀ **Lake Forggen/Germany**
▶ **View from Säntis/Switzerland**

Während des ganzen Sommers hat der Bergsteiger Gipfel um Gipfel bestiegen. Nun entfaltet sich der Herbst in seiner ganzen Pracht auf den Almen, in den Tälern, auf den Gipfeln. Wenn seine Farben verblassen, entdeckt man ein Leben, das vergeht – grossartig, goldbraun, flammend, schwermütig.

Gaston Rébuffat

Im Herbst sind die Farben in den Tälern intensiver als auf den schon kalten Höhen. Aber auch im Tal zieht bald der Winter mit seiner lebensfeindlichen Kälte ein.
Morača-Schlucht/Jugoslawien

Durant tout l'été, l'alpiniste a escaladé des sommets. Maintenant l'automne étale ses charmes sur les alpages, dans les vallées et sur les sommets. Lorsque ses couleurs pâlissent, on découvre une vie éphémère – merveilleuse d'un brun doré, flamboyante, mélancolique.

Gaston Rébuffat

En automne les couleurs sont plus intenses dans les vallées que sur les hauteurs déjà refroidies. Mais l'hiver étendra bientôt sur la vallée son manteau de froid hostile.
Le ravin de Morača/Yougoslavie

The mountaineer has climbed summit after summit throughout the summer. Now autumn is spreading its magnificence over the mountain pastures, the valleys, the peaks. As its colours fade one discovers a life that is gradually expiring – splendid, golden brown, flaming, melancholy.

Gaston Rébuffat

Autumn colours are more intense in the valleys than in the already cold heights. But the valleys, too, will soon be in the grip of winter.
Morača Gorge/Yugoslavia

Licht und Jahreszeiten

La lumière et les saisons

Light and the Seasons

»Es ist, als entzünden sich die Berge mit einemmale. Und rasch vergrössert sich das Licht. In feurigen Wellen flutet es an den Riesen herab, die plötzlich in ungeahntem Glanz hervortreten. Und die Röte wächst zu feuriger Glut, ein Meer von Flammen brennt über dem dämmernden Tal, und es ist, als könne es nicht mehr heller sein. Da schiesst ein schmaler, goldener Pfeil über den Firnkamm dort herüber, und majestätisch in scheinbar übernatürlicher Grösse schwebt der strahlende Lichtball in den Himmel hinein. Ein flimmerndes Zittern beginnt, beinahe greifbar dicke Strahlen durchschneiden die Luft und tauchen alles in eine ganz ungeahnte Helle, Farbenpracht und Plastik.« So sah Theodor Wundt 1916 eine Morgenstimmung in den Alpen.

Faszinierend anzuschauen sind die Berge, in wechselndes Licht getaucht, das sie scheinbar auch selbst ausstrahlen; und faszinierend sind zugleich die Empfindungen, die sie in uns Bergsteigern wachrufen: »Wie eine Meereswoge schlägt die Lichtflut und die unermessliche Fülle des Neuen plötzlich über dem Haupte des Bergsteigers zusammen, der aus blickbeengter, schattiger Rinne nun mit dem letzten Schritte den sonnenumjubelten Gipfel betritt. Ich werfe mich in den Schnee und schaue, erkenne, schaue! Einem halbgelesenen Buche gleich blättert sich die vielgestaltige Welt der Ostalpen vor mir auf: Dort manch wundervolles und rauhes Erlebte, lyrisch nachtönende Stunden und aufregende Minuten, hier noch unbekannte Buchseiten voll ersehnter auch gefürchteter, dunkel verhüllter Rätselschicksale. Mein müsst ihr noch wer-

«C'est comme si les montagnes s'allumaient d'un seul coup. Et rapidement, la lumière augmente. Ses vagues de feu dévalent les fils géants soudain rayonnant d'un éclat inattendu. L'aurore s'enflamme, une mer de braises rougeoie sur la vallée crépusculaire et la clarté semble définitive. Puis une mince flèche d'or passe sur la crête des névés et, majestueusement, plus grande que nature, la boule de lumière rayonnante s'enfonce lentement dans le ciel. Un scintillement se met à frissonner et de gros rayons que l'on pourrait presque toucher découpent l'air et plongent le paysage dans une clarté tout à fait imprévue, une splendeur colorée et plastique.» C'est ainsi que Theodor Wundt assista en 1916 à la levée d'un matin dans les Alpes.

Les montagnes sont fascinantes à regarder, plongées dans une lumière changeante, qu'elles semblent irradier elles-mêmes ; et les sentiments qu'elles font naître en nous, les alpinistes, sont également fascinants : «Le flot de lumière s'avance comme une vague et l'alpiniste reçoit de plein fouet cette incommensurable plénitude de la nouveauté ; il sort d'une gouttière sombre où il ne voit rien, et il pose le pied sur le sommet resplendissant de soleil. Je me jette dans la neige, je regarde, je reconnais, je regarde ! Comme un livre à moitié lu le monde dru des Alpes orientales s'ouvre devant moi ; d'un côté, des aventures merveilleuses et rudes déjà vécues, des heures d'un lyrisme toujours présent et des minutes éprouvantes ; de l'autre, les pages d'un livre encore inconnu rempli de l'ombre d'un destin mystérieux, attirant mais aussi un peu angoissant. Vous m'appartiendrez un jour, mes

"It is as if the mountains suddenly caught fire. The light spreads rapidly. It flows down the giants in a fiery flood, revealing them in unexpected glory. And the red colour changes to a fiery glow, a sea of flame pours down the twilight valley, and it seems as if it could not possibly become brighter. Then a slim golden arrow flies up from behind the snowy heights, and the brilliant globe of light rises majestically into the heavens, appearing unnaturally large. The light trembles, flickers, and thick, almost tangible rays cut the air and drench everything in an unimaginable brightness, colourfulness and relief." This was how Theodor Wundt saw dawn in the Alps in 1916.

Mountains bathed in constantly changing light – a light which they appear to emit themselves – are a fascinating spectacle; and the feelings they arouse in us are equally fascinating: "A flood of light and a feeling of infinite freshness suddenly breaks over the mountaineer's head like an ocean wave as he emerges out of a narrow, shaded gully to climb the last few steps to the sun-drenched summit. I throw myself into the snow, and look, recall, and look again. The world of the eastern Alps unfolds before me like a half-read book: there, a number of rough yet wonderful pages already experienced, hours of lyrical joy and minutes of excitement still remembered, and here pages still unexplored, full of enticing, sometimes even fearful, half hidden enigmatic destinies. You must all become mine, you giants, for better or for worse, cost what it may in effort, suffering, and danger!" This rapturous style sounds exaggerated, almost in bad taste to us nowadays. Perhaps simply

den, ihr Grossen alle, in gutem oder in bösem, und koste mich's Mühe, Leid und Gefahr!«
Dieser Lammersche Gefühlsüberschwang klingt für uns heute fast kitschig, übertrieben. Vielleicht nur deshalb, weil wir unsere Gefühle und Empfindungen anders ausdrükken, als die Pioniere sie vor fast 100 Jahren ausgedrückt haben? Oder haben wir es überhaupt verlernt, unseren Empfindungen freien Lauf zu lassen, in »Gefühlen zu schwelgen«? In unserer technisierten, hektischen und rational ausgerichteten Welt ist nur wenig Platz für – meist unproduktive – Gefühle. Die Berge bieten uns eine Möglichkeit, unsere Empfindungswelt reicher und vielfältiger zu erleben, wir müssen nur offen dafür sein und Platz haben für authentische Erlebnisse.
Als Kind von fünf Jahren hatte ich ein Erlebnis, das mir heute noch lebendig ist, das mir diese »Offenheit« verlieh. Ich stand völlig alleine, und mein Körper bildete den Mittelpunkt einer riesengrossen, leeren Arena aus Fels, Wald und Almböden. Die Stille um mich war perfekt, und doch gab es da viele seltsame Geräusche, die in meinem Kopf eine Brücke schlugen zu den Felswänden, von denen ein fernes Rauschen kam, zu den Schluchten, durch die dann und wann der Steinschlag niederging, zu den Zirbeln am Wiesenrand, deren Zweige sich im Abendwind beugten. Der Horizont um mich herum war ein hoher, zerrissener Kranz von Bergen; der Himmel darüber von dieser weichen, fast farblosen Helligkeit der ersten Abendstunden. Diese Minuten waren es, die die Alpenlandschaft für mich zur erregendsten Welt unserer Erde werden liessen.

grands, dans la bonne ou la mauvaise fortune même s'il m'en coûte de la peine, de la douleur et du danger.» Ce flux émotif de Lammer nous paraît aujourd'hui presque démodé, exagéré. Sans doute, parce que nous exprimons nos sentiments et nos émotions autrement que les pionniers d'il y a cent ans. N'avons-nous pas perdu l'habitude de laisser libre cours à nos sentiments, de nous laisser aller à nos émotions? Dans notre monde technique et rationnel, des sentiments, très souvent improductifs, n'ont guère de place. Les montagnes nous donnent la possibilité d'enrichir et d'améliorer notre univers émotif, il faut simplement nous ouvrir et laisser la place à des événements authentiques.
Lorsque j'avais cinq ans, je vécus un événement qui est encore présent en ma mémoire, et qui me donna cette «ouverture». Je me trouvais seul au milieu d'une immense arène vide de rochers, de forêts et de pâturages alpestres. Il régnait autour de moi un silence parfait et pourtant, il y avait encore beaucoup de bruits étranges qui faisaient, dans ma tête, un pont jusqu'à la paroi rocheuse, d'où un lointain murmure me parvenait, jusqu'aux gouffres où tombait de temps en temps un éboulis de pierres, en direction des pins arolles en bordure des prairies, dont les branches se penchaient dans le vent du soir. L'horizon autour de moi était une haute couronne effilochée de montagnes ; le ciel, au-dessus, avait cette clarté douce presque éteinte des premières heures du soir. Ces minutes-là ont fait que pour moi le paysage alpin est le plus émouvant du monde.
Un sentiment indescriptible d'abandon et, en

because we express our feelings in a different way to the pioneers almost a hundred years ago? Or have we altogether forgotten how to give free rein to our emotions, how to "indulge in our feelings"? There is little place left in our technological, hectic, and rational world for – usually unproductive – feelings. The mountains provide an outlet for richer and more varied expression of our feelings: we simply have to be receptive enough, open to authentic experiences.
My mind was "opened" to this kind of experience by something that happened to me when I was a child of five. I was quite alone, and my body formed the centre of an immense, empty arena of rock, woodland, and meadows. It was perfectly still around me, and yet there were many strange noises to be heard which created a bridge in my mind to the rocky heights, from which came a distant murmur, to the gorges, echoing now and then with the sound of falling rock, to the pine trees at the edge of the meadows, whose branches sighed in the evening breeze. The horizon was formed by a lofty, rugged circle of mountains; the sky above was bathed in the soft, almost colourless brightness of early evening. It was those few minutes which made the Alpine landscape the most exciting one on earth for me.
I was gripped by an indescribable sensation of both solitude and of belonging. I had suddenly lost all feeling for time and space, and my inward sense of size and proportion deserted me. I seemed to separated from the peaks by endless distances, by insurmountable heights, by eternities.

Ein unbeschreibliches Gefühl der Verlassenheit und zur gleichen Zeit der Wunsch der Dazugehörigkeit fasste mich an. Ich hatte plötzlich das Empfinden für räumliche und zeitliche Dimensionen verloren, und auch meine inneren Massstäbe lösten sich auf. Von den Gipfeln schien mich unendliche Entfernung zu trennen, unüberwindliche Höhen, Ewigkeiten.
In Pausen der absoluten Stille konnte ich sogar die Geräusche hören, die der Wind zwischen den kleinen Steinen und Gräsern am Boden hervorbrachte. Ich hörte meinen eigenen Herzschlag und das Pulsieren meines Blutes in den Adern. Schauer der Angst und der Erleichterung gingen durch mich hindurch, abwechselnd sich in immer kürzeren Abständen wiederholend. Ich hatte auf dieser Almkuppe das Gefühl für meine Herkunft und auch die Richtung für den Weiterweg verloren und war so beunruhigt darüber, dass ich eine Zeitlang wie gelähmt dastand.
Dieses Erlebnis am Fusse meiner heimatlichen Dolomitenberge hat mir eine neue, nicht alltägliche Welt vor Augen geführt, die ich weder verstehen noch begreifen konnte. Sie war einfach da, und instinktiv muss ich damals gewusst haben, dass ich in dieser Landschaft eine neue Identität finden würde.
Damals habe ich mit dem Bergsteigen begonnen, das mich in dreissig Jahren in alle fünf Kontinente und auf zweitausend Gipfel geführt hat, das mich verkürzt viele jener Erfahrungen machen liess, die Bergsteiger in den Generationen vor mir schon gemacht hatten. Und obwohl ich höhere Gipfel und gewaltigere Gebirge kennenlernte, kettet mich eine

même temps, d'intimité m'envahit. J'avais brusquement perdu toute notion de temps et d'espace, et mes mesures de valeur intérieures disparurent aussi. Une distance infinie semblait me séparer des sommets, des hauteurs invincibles, des éternités.
Pendant les moments de silence absolu, je pouvais même entendre les bruits que le vent faisait parmi les cailloux et les herbes environnants. J'entendais mon propre battement de cœur et la pulsation de mon sang dans mes veines. Des frissons de peur et de soulagement me parcouraient à intervalles réguliers de façon alternative. En haut de ce pâturage, je ne sus plus d'où je venais ni où j'allais, et cela m'inquiéta tellement que j'en restai, quelques instants, paralysé.
Cet événement vécu au pied des Dolomites, dans mon pays natal, m'avait montré un nouveau monde qui sortait du quotidien que je ne pouvais ni saisir, ni comprendre. Il était simplement là et j'ai dû alors sentir instinctivement que j'avais trouvé une nouvelle identité dans ce paysage.
C'est vraiment à cette époque que j'ai commencé à pratiquer l'alpinisme qui m'a conduit, pendant trente ans sur les cinq continents et sur deux mille sommets et qui fit faire, en abrégé, beaucoup de ces expériences que des générations d'alpinistes avaient faites avant moi. Bien que j'aie appris à connaitre des montagnes d'une certaine altitude, aux sommets plus élevés, une force invisible m'enchaîne à mon pays natal, aux montagnes des Alpes, là-bas où j'ai passé ma tendre enfance et où j'ai pris contact – pour la première fois avec ce monde fascinant, fait de glace et de

In the intervals of absolute silence I could even hear the wind whispering its way between the little stones and grass around my feet. I could hear my own heartbeat and the blood pulsing in my veins. Shudders of fear and relief flooded through me in increasingly rapid sequence. Standing on this lonely meadow I had lost all feeling for where I had come from and where I was going, and was so distrubed by this condition, that I stood there for a while as if paralyzed.
This experience at the foot of the Dolomite Mountains, my homeland, had opened the door to a new, unaccustomed world which I was unable to grasp. It was simply there, and I must have known instinctively that I was to find a new identity in that landscape.
That was when I began mountaineering, an obsession which, in thirty years, has taken me to all five continents and onto two thousand summits, which enabled me to compress in a short time much of what many other mountaineers hat experienced in previous generations. And although I have seen higher peaks and mightier mountains, an invisible force seems to draw me towards my homeland, the Alps – the place where I grew up and where I had my first contact with this fascinating world of ice and snow, sun and light, rock and life. I have returned to the Alps again and again, climbed their peaks time after time, taking hard or easy routes, but the mountains have never again appeared to me so vast as they did when I was a child.

unsichtbare Kraft an meine Heimat, an die Berge der Alpen – dorthin, wo ich aufgewachsen bin und zum ersten Mal mit dieser faszinierenden Welt aus Eis und Schnee, Sonne und Licht, Fels und Leben in Berührung kam. Immer wieder bin ich in die Alpen zurückgekehrt, immer wieder bin ich auf ihre Gipfel gestiegen, auf leichten und auf schweren Wegen, so gross aber wie im Kindesalter sind mir Berge später nie wieder erschienen.

neige, de soleil et de lumière, de rochers et de vie. Je suis toujours revenu dans les Alpes, je suis toujours remonté sur leurs sommets, sur des sentiers faciles ou périlleux mais elles ne me sont jamais plus apparues aussi grandes qu'à l'époque où j'étais enfant.

»Die Fichtengruppen zeugen vom gewaltigen Titanenkampf zwischen Wald und Hochgebirgsnatur. Die Bäume sehen aus wie kriegsmüde, zerzauste Landsknechte, und der Boden, aus dem sie sich emporringen mussten, gleicht einem Gletscher aus Stein und Fels.
Lerne aus diesem ergreifenden Kampf ums Dasein für Dein Leben!«

Janko Sterlep

Pflanzen- und Tierwelt waren in den Alpen heimisch, bevor der Mensch zum erstenmal seinen Fuss in diese Region setzte.
Krokuswiesen (Crocus albiflorus) bei Klais /Deutschland

«Les groupes de pins portent les traces du formidable combat de titans que se sont livré la forêt et la nature, en haute montagne. Les arbres ressemblent à des mercenaires ébouriffés et las de se battre, et le sol où ils ont péniblement pris naissance ressemble à un glacier de pierres et de rochers.
Que ce combat émouvant t'apprenne à maîtriser ta vie !»

Janko Sterlep

La flore et la faune s'étaient déjà installées dans les Alpes bien longtemps avant que l'homme ne pénètre dans les régions.
Prés de safrans blanc (crocus albiflorus) près de Klais/Allemagne

"The groups of fir trees bear evidence to the titanic battle between forest and mountain environment. The trees look like battle-weary, dishevelled troopers, and the ground they have to conquer resembles a glacier of stones and rock.
There is a lesson to be learned for everyone from this impressive struggle for existence!"

Janko Sterlep

Fauna and flora were established in the Alps long before man set foot in the region.
Fields of crocuses near Klais/Germany

Echtes Alpenglöckchen (Soldanella alpina)

Schneeheide (Erica carnea)

Himmelsherold (Eritrichum nanum)

Immergrünes Hungerblümchen (Draba azoides)

Stengelloser Enzian, weisse Abart (Gentiana clusii)

Alpenfettkraut (Pinguicula alpina)

Spinnweben-Hauswurz (Sempervivum arachnoideum)

Bayerischer Enzian (Gentiana bavarica)

Kohlröschen, gelbe Abart (Nigritella nigra, f. flava) und Alpenaster (Aster alpinus)

Edelweiss (Lentopodium alpinum)

Leimprimel (Primula viscosa), Alpengänsekresse (Arabis alpina) und Gelbes Veilchen (Viola biflora)

Gletscher-Petersbart (Geum reptans), Blütenstand

Gletscher-Petersbart oder Kriechende Nelkenwurz (Geum reptans), Fruchtstand

Alpenveilchen (Cyclamen europaeum)

Alpenrebe (Clematis alpina)

Bündner Alpenmohn (Papaver rhaeticum)

Zwergalpenrose (Rhodothamnus chamaecistus)

Trichterlilie (Paradisia liliastrum)

Rostblättrige Alpenrose (Rhododendron ferrugineum)

Bärtige Glockenblume (Campanula barbata)

Steinröserl oder Gestreifter Seidelbast (Daphne striata) und Kugelginster (Genista radicata)

lpenapollo (Parnassius phoebus sacerdos)
uf Alpenrose

ygaene (Lycastes exulans) auf Alpenaster

Goldene Acht (Colias hyale), Männchen, auf Alpennelke

Kleiner Ampferfeuerfalter (Palaeochrysophanus
hippothoe hippothoe), Männchen

Hainlaufkäfer (Carabus fabricii)

Alpensalamander (Salamandra atra)

Berg- oder Alpenmolch (Triturus alpestris),
Männchen

Steinadler (Aquila chrysaëtos)

Alpenschneehuhn (Lagopus mutus)

Alpendohle (Pyrrhocorax graculus)

Gebirgsstelze (Motacilla cinerea)

Blaumerle (Monticola solitarius)

Gänsegeier (Gyps fulvus)

Schneefinken (Montifringilla nivalis)

Steinrötel (Monticola saxatilis)

Gemsen (Rupicapra rupicapra)

Steinböcke (Capra ibex)

Mufflon (Ovis musimon)

Murmeltier (Marmota marmota)

»Dort, wo der letzte Schnee, schon zu gläsernen, sterbensreifen Körnern geworden, neben dem Wege schmilzt, bleib ich noch einmal stehen: Da liegt die Weisheit der Welt wie in Gottes geöffneter Hand am Wege: Ein unfassbares Blumenwunder, leuchtend und lachend, inmitten des winterlichen Totenkranzes, den der vergehende Schnee um diese verheissende, lebenkündende Lieblichkeit legt. Aus der wintertoten Erde, gestern wohl noch zugedeckt von Kälte und Schnee, spriesst es und sprosst.«

Hans Ertl

«Je m'arrête une dernière fois là où la dernière neige formée de grains vitreux, promis à une mort prochaine, fond au bord du chemin : voilà la sagesse du monde présentée dans la main ouverte de Dieu : un incroyable et miraculeux spectacle floral resplendit et rit au milieu de la couronne mortuaire de l'hiver que la dernière neige a placée autour de ce lieu charmant et qui porte toutes les promesses de la vie. De la terre encore engourdie par l'hiver et hier encore recouverte d'un froid manteau neigeux, sortent et s'étirent les premières pousses.»

Hans Ertl

"There, near the last snow, which had already melted into glassy, dying grains, I stopped again to wonder at the wisdom of the world revealed by the wayside as if in God's open hand: an unbelievably beautiful patch of flowers, glowing and laughing like a promise of spring in the middle of an icy funeral wreath formed by the last snow. The wintry earth, yesterday no doubt still icebound, is bursting into life."

Hans Ertl

Die Bauern in den Alpen bauen ihre Hütten auf die Wiesen und Almen, und das ist ihr Lebensbereich.

Blick zum Latemar/Italien

Les paysans des Alpes construisent leurs châlets en bordure de prairies et d'alpages : c'est leur domaine vital.

Vue sur le Latemar/Italie

Alpine farmers build their huts close to the fields and pastures on which their livelihood depends.

View towards Latemar/Italy

Pflanzen und Tiere

Beim Aufstieg ins Hochgebirge durchwandert man den kühlen, dunklen Bergwald, das Gebiet der Latschenkiefern und Zwergsträucher, die Hochweiden und zuletzt die hochalpinen Grasheiden am Fusse der Geröllströme, die Zeugen unentwegter Zerstörung und Abtragung durch Wind und Wasser, Frost und Sonne sind. Höher oben am Berg gibt es nur noch Polsterpflanzen; zwischen Schutt und Fels, winzige, arktisch-alpine Baumzwerge, Moose, die aus jeder Spur von Feinerde, jedem in irgendeine Felsritze verwehten Bodenkrümchen noch Nahrung ziehen. Über ungefähr 3000 m gebietet der ewige Schnee dem Leben Halt. Nur Algen und Ur-Insekten gibt es noch. Zwischen den Kulturen des Tales, die mit den letzten Weinbergen etwa bei 600 m und den höchsten Getreidefeldern bei 1600 m ihre obere Grenze erreichen, und dem ewigen Schnee fügen sich die einzelnen Vegetationszonen wie Gürtel ein, die das Gebirge umgeben. An die Kulturzone schliesst sich der Laubwaldgürtel an; er reicht ungefähr bis 1300 m. Darüber beginnt der Nadelholzgürtel, der an der Nordseite der Alpen bis auf etwa 1800 m reicht, an der Südseite oft sogar eine Höhe von 2200 m überschreitet. Der Legföhrengürtel, das Gebiet des Knieholzes, der Latschenkiefern, schliesst sich an.
Das Knieholz kann bis 2400 m reichen; es geht – oft schon erheblich niedriger – in den Zwergstrauchgürtel über, der bei 3400 m seine obere Grenze hat. Polsterpflanzen lösen die Zwergsträucher ab: Edelweiss, Moose, Flechten und Algen sind in den Alpen die letzten Pioniere des Pflanzenreiches, die in den ewigen Schnee hineinreichen.

Les plantes et les animaux

En montant dans la haute montagne, on traverse la forêt fraîche et sombre, le domaine des pins et des arbustes nains, les hauts pâturages et enfin les landes herbeuses des hautes régions alpines, au pied des fleuves d'éboulis, qui témoignent du travail incessant du vent, de l'eau, du gel et du soleil, agents de destruction et de démolition. Plus en haut, on ne trouve que des plantes formant des tapis; entre les éboulis et le rocher, il y a des arbustes nains minuscules, d'origine alpine-arcticque, des mousses qui se nourissent du moindre terreau, de chaque grain de terre que le vent a chassé dans une fente rocheuse. A partir de 3000 m, les neiges éternelles arrêtent la vie. Il n'y a plus que des algues et des insectes primitifs.
Les différentes zones de végétation entourent le massif montagneux comme des ceintures entre les cultures de la vallée (les derniers vignobles sont situés à peu près à 600 m et les champs de céréales les plus élevés à 1600 m) et les neiges éternelles. Après l'étage cultivé suit la ceinture de forêt des feuillus : elle atteint les 1300 m, à peu près. Puis on passe à la ceinture de cônifères qui va jusqu'à 1800 m, sur le côté nord des Alpes et peut même dépasser la limite de 2200 m, sur le côté sud. Ensuite nous trouvons une zone à arbustes nains, de pins couchés et de pins nains.
Elle peut aller jusqu'à 2400 m ; elle est remplacée par la ceinture d'arbustes nains atteignant les 3400 m. Des plantes à tapis remplacent les arbustes nains : les edelweiss, les mousses, les lichens et les algues sont les derniers pionniers de la flore alpine allant jusqu' aux neiges éternelles.

Plants and Animals

When climbing high mountains, one first passes through the cool, dark mountain forest, then the region of the dwarfpines, the mountain pasturelands, and, finally, the high-lying grass moorlands at the foot of the scree masses which are a constant reminder of the incessant destruction of the mountains by the action of wind, water, frost and sun. Higher up the mountain there are tiny, Arctic/Alpine dwarf trees and mosses which somehow find nourishment in every trace of earth, in every crumb of soil, even in the finest cracks and crevices. Above about 10,000 ft the eternal snows put a stop to life. All that is still to be found here are algae and some insects.
Above the cultivated lower regions, with the last vineyards at about 4,000 ft and the last grainfields at 5,250 ft, the various zones of vegetation rise in belts round the mountains up to the level of the eternal snows.
The cultivated zone is followed by the deciduous forest belt, which climbs the mountain to about 4,300 ft. Above that comes the coniferous zone, which, on the northern side of the Alps, rises to nearly 6,000 ft, and on the southern side can even exceed 7,250 ft. This is followed by the dwarf pine zone.
The latter can reach altitudes of nearly 8,000 ft, and merges – often at a considerably lower altitude – with the dwarf shrub zone, whose upper limit lies at about 11,250 ft. After the dwarf shrubs come edelweiss, mosses, lichens, and algae: the outposts of the plant kingdom, stretching right up to the eternal snows.
Between them lie the high meadows, the summer pastures of the mountain farmers. Here

Dazwischen liegen die Hochalmen und Matten, das Sommerland der bäuerlichen Hirten. Hier finden wir einige der schönsten Alpenblumen.
Auf den eingesprengten oder bergwärts angrenzenden Hochweiden, den Almen, gibt es viele Pflanzengesellschaften. Da bei der Mehrzahl der Pflanzen Stengel und Blätter klein sind, letztere also dichter stehen als bei den entsprechenden Arten des Flachlandes, erscheinen auch die Blüten enger aneinandergedrängt, ist der Blütenteppich oft ungleich schöner. Die dünnere Luft der Höhe lässt zudem, mit der Ebene verglichen, ein Vielfaches an Licht hindurch, und dieses starke, an ultravioletten Strahlen reiche Licht soll zusammen mit den niedrigen Temperaturen eine Vermehrung der kleinen Farbkörperchen in den Pflanzenzellen bewirken. So sei es zu erklären, dass die meisten Alpenblumen viel satter und tiefer gefärbt erscheinen als ihre Schwestern in der Ebene. Dazu kommt, dass hier manche Pflanze einen so süssen Duft ausströmt, wie er in der Ebene kaum oder gar nicht wahrnehmbar ist.
Wie die Pflanzen müssen auch die Tiere der alpinen Region mit den Härten des Klimas leben. Vor allem müssen sie widerstandsfähig gegen Kälte sein, im jahreszeitlichen Rhythmus Fett auf- und abbauend, dem die Alpen überflutenden Tourismus und den Naturgewalten trotzen. Die Artenzahl nimmt nach oben ständig ab.
Die vielen Falter, Käfer, Heuschrecken und Spinnen sind in den mittleren Bergregionen häufige Wegbegleiter für den aufmerksamen Wanderer. Auf den Almböden und am Fuss

Entre ces deux étages, s'étendent les hauts-pâturages et les herbages, le séjour estival des pâtres montagnards. C'est ici que nous trouvons quelques-unes des plus belles fleurs des Alpes. Sur les hauts-alpages, il y a une grande collection de plantes. Comme la tige et les feuilles de la plupart de ces plantes sont petites et qu'elles sont ainsi plus denses que leurs homologues de la plaine, les fleurs semblent être plus resserrées et le tapis floral est souvent inégal. L'air plus léger que dans la plaine laisse passer beaucoup de lumière et cette forte lumière riche en rayons ultra-violets provoque, avec les basses températures, une augmentation des petites particules de couleur dans les cellules de la plante. On peut expliquer de cette façon pourquoi la plupart des plantes alpines sont de couleur plus foncée et plus profonde que leurs sœurs de la plaine. De plus, certaines plantes exhalent ici un parfum bien plus doux que les fleurs de la plaine qui en ont peu ou pas du tout.
Comme les plantes, les animaux des régions alpines doivent s'adapter à la rigueur du climat. Ils doivent surtout résister au froid, amasser ou perdre des graisses selon le rythme des saisons, faire face au tourisme envahissant et aux forces de la nature. Leur nombre diminue en fonction de la hauteur.
Les nombreux papillons, coléoptères, sauterelles et araignées, à l'étage montagnard, accompagnent souvent le promeneur attentif. Sur les pâturages et au pied des parois, nichent des marmottes et des souris alpines. Dans les ruisseaux glaciaires et les sources, on trouve, en retournant les pierres, le rhyacophile qui passe pour être un survivant de l'époque gla-

we find some of the loveliest Alpine plants. As most of the plants have short stems and small leaves, and thus grow closer together than similar lowland varieties, their flowers are also clustered closer together, producing a far more beautiful "carpet" of flowers. The thinner air permits a greater intensity of light, and this clear radiation, rich in ultra-violet rays, is said, together with the low temperatures, to lead to a greater number of colour particles in the plant cells. This, then, is the explanation of why most Alpine flowers have a richer, deeper colour than their lowland sisters. Furthermore, a number of mountain plants have a much stronger scent than the lowland varieties.
Like the plants, Alpine animals also have to adapt themselves to the rigours of the climate. Above all, they have to be resistant to cold, and to build up a reserve of fat to keep them going through the winter. The higher the altitude, the fewer species of animals are to be found.
The many butterflies, beetles, grasshoppers, and spiders are constant companions to the alert walker in the middle Alpine zones. On the mountain pastures, and at the foot of the high mountain faces, the marmot and the Alpine shrew are to be found. The glacial and other mountain streams provide a home for the Alpine flatworm, a relic of the Ice Age. Only two wingless insects survive in the snow and ice regions: the snow flea and the glacier flea. The dwarf pine zone and rocky areas are the home of the chamois, which negotiates the steepest slopes with amazing ease. The ibex, overhunted for centuries partly because

der Wände hausen Murmeltier und Alpenspitzmaus. In den Gletscherbächen und Quellen findet man an der Unterseite der Steine überall den Alpenplattwurm, der als ein Relikt aus der Eiszeit gilt. Nur zwei flügellose Ur-Insekten halten selbst in Schnee und Eis aus: der Schneefloh und der Gletscherfloh. Latschenregion und Fels sind das Revier der Gemse. Mit staunenswerter Leichtigkeit bewegt sie sich selbst an sehr steilen Stellen hangauf, und scheinbar mühelos flieht sie in weiten Sprüngen bergab. Der Alpensteinbock, nicht zuletzt seines wunderbaren Gehörns wegen jahrhundertelang schwer verfolgt, wurde stellenweise schon ausgerottet; dasselbe gilt für den Steinadler, den Alpensalamander. Nur Schongesetze haben ihre Erhaltung gesichert.
In den Alpen gibt es inzwischen zum Glück einige Naturschutzgebiete, in denen Tier- und Pflanzenwelt möglichst ungestört erhalten werden sollen, in denen Isolate geschaffen wurden als natürlicher Lebensraum für Pflanzen, Tiere und Menschen.
Aber auch an dieser Stelle muss ein mahnender Finger erhoben werden. Obwohl der Alpenraum ein eher rauhes Klima aufweist und die Meinung aufkommen könnte, Fauna und Flora seien dadurch abgehärtet und unempfindlich, so haben die Naturforscher längst erkannt, dass gerade in klimatisch extremen Gebieten die geringste Störung in der Ökologie, in der Beziehung der Tiere und Pflanzen zueinander unübersehbare und nicht mehr gutzumachende Folgen haben kann. Was sich in Jahrmillionen entwickelt hat, hat seinen Sinn und seine festgefügten Naturge-

ciaire. Seuls, deux insectes primitifs sans ailes peuvent subsister à la neige et à la glace: le puceron des neiges et celui des glaciers. Les chamois vivent dans la région des pins nains et dans les rochers. Ils escaladent avec agilité les endroits les plus escapés et s'enfuient, en bonds légers, en descendant dans la montagne. Pendant des siècles le bouquetin a été fortement poursuivi et en partie décimé, entre autres pour ses cornes merveilleuses ; il en fut de même pour l'aigle royal et la salamandre alpine. Seules des lois protectrices les ont préservés.
Dans les Alpes cependant, il y a par bonheur quelques régions privilégiées où la faune et la flore doivent être protégées et laissées en paix ; ce sont des réserves naturelles pour les plantes, les animaux et les hommes.
Là aussi, il faut lever le doigt d'un geste menaçant. Bien que l'espace alpin ait plutôt un climat rude et puisse faire croire que la faune et la flore sont endurcies, les chercheurs ont depuis longtemps reconnu que c'est justement dans les régions où les différences atmosphériques atteignent les extrêmes que la plus petite perturbation dans l'écologie – en ce qui concerne les relations animaux-plantes – peut avoir des conséquences d'une très grande importance et souvent irréparables. Tout ce qui s'est développé pendant des millions d'années a son propre sens et des lois adaptées à la nature. L'extermination d'une espèce entraîne en règle générale la mort de l'autre. Cela, l'homme ne peut le compenser, même avec tous les moyens techniques qu'il possède, ses découvertes, ses inventions. Le nombre des hommes reconnaissant ces rela-

of its magnificent horns, has been exterminated in most areas. So has the golden eagle and the Alpine newt. Protetective legislation now preserves them to a certain extent. And, fortunately, some nature reserves have been established in which plants and animals are allowed to flourish undisturbed, and where they and man are provided with an unspoilt environment.
But here, too, a warning is not out of place. Although the Alpine region has a generally harsh climate, and it might be assumed that its flora and fauna are therefore particularly tough and resistant, it has long been recognized by naturalists that it is precisely in climatically severe regions that the slightest disturbance of the ecology can have unpredictable and irreparable effects on the relationships between animals and plants. What has taken millions of years to develop has its own logic and its own balanced set of natural laws. The extermination of one species nearly always leads to the extinction of another. This is something that man, with all his technology, discoveries, and inventions, cannot make good. It seems that the number of people who recognize these facts is increasing, and that the process of destruction is being slowed down. It is sad that posters have to be displayed in every public building and in bus and railway stations telling tourists which plants are protected – but it is necessary. And if man has to use aids like helicopters to provide food for endangered species in hard winters, then this is only fair, considering the injuries he has inflicted upon the animal world in the past.

setze. Die Ausrottung der einen Art zieht in der Regel das Sterben einer anderen nach sich. Das kann der Mensch mit all seiner Technik, seinen Entdeckungen, seinen Erfindungen nicht ausgleichen. Es scheint, als ob die Zahl derer, die diese Zusammenhänge erkennen, zunimmt und dass die helfende Hand des Menschen der zerstörenden Einhalt gebietet. Es ist zwar traurig, dass an jedem öffentlichen Gebäude, an Bus- und Bahnstationen Tafeln aufgehängt werden müssen, die dem Touristen sagen, welche Pflanzen geschützt sind, aber es ist unumgänglich. Und wenn der Mensch mit Hilfsmitteln wie dem Hubschrauber dem im strengen Winter bedrohten Wild Nahrung zukommen lässt, so ist dies nur recht und billig angesichts des Unrechts, das er der Tierwelt in der Vergangenheit angetan hat.

tions a tendance à augmenter et la main pleine de bonne volonté des humains impose l'interruption destructrice. C'est bien triste que l'on doive poser des tableaux dans chaque bâtiment public, dans les gares routières et ferroviaires-tableaux indiquant aux touristes quelles sont les plantes sous protection de la nature. Mais tout cela est nécessaire.
Et quand l'homme fait parvenir par hélicoptère des vivres aux animaux sauvages, en hiver, c'est bien le moins qu'il puisse faire.

Was ich bei den Bergbauern in den Alpen und im besonderen bei den obersten Villnösser Bauern immer wieder entdeckt und bewundert habe, ist eine Harmonie, die sich überall widerspiegelt: in den Gehöften, den Zäunen, der Anlage der Äcker und im jahreszeitlichen Rhythmus der Arbeit. Es ist wohl die ungestörte, gewaltige Umgebung, die die Welt des Bergmenschen prägt, eine Welt, in der auch Sitten und Lebensregeln in Einklang stehen mit dem Alltag der Menschen.

Reinhold Messner

Ce que j'ai découvert chez les paysans montagnards, et surtout chez les habitants des hauteurs de Villnöss, et ce que j'ai toujours admiré, c'est l'harmonie que l'on se retrouve partout : dans les fermes, les haies, l'agencement des champs et le rythme saisonnier du travail. Cet environnement serein et grandiose marque le montagnard ; un monde où les mœurs et les règles de vie s'accordent bien avec la vie quotidienne des gens.

Reinhold Messner

Something that I have noticed and admired again and again among the mountain farmers, and especially in the upper part of the Villnöss Valley, is an all-pervading harmony: in the farmsteads, the fences, the layout of the fields, and in the seasonal rhythm of their work. It is surely the unspoilt, stupendous surroundings which put their stamp on the world of the mountain dweller, a world in which the traditions and social order, too, are in harmony with everyday life.

Reinhold Messner

Noch ehe die ersten Touristen in die Alpen kamen, hatten die Bergbauern die bewaldeten Höhen und Bergrücken in Besitz genommen.
Foroglio im Val Bavona/Schweiz

Avant l'arrivée des premiers touristes, les paysans montagnards avaient occupé les hauteurs boisées ainsi que le dos des montagnes.
Foroglio dans le Val Bavona/Suisse

The Alpine farmers had taken possession of the wooded heights and ridges long before the first tourists came.
Foroglio in Bavona Valley/Switzerland

Stege, Wege und Brücken entstanden nicht für die Touristen; die Bergbauern legten sie für ihren eigenen Gebrauch an.

◄ Villnösstal/Italien
► Val d'Arpette/Schweiz

Les sentiers, les chemins et les ponts n'ont pas été faits pour les touristes : les paysans montagnards en avaient eux-mêmes besoin.

◄ La Vallée de Villnöss/Italie
► Le Val d'Arpette/Suisse

Paths and bridges were not built for the tourists; the Alpine farmers constructed them for their own use.

◄ Villnöss Valley/Italy
► Arpette Valley/Switzerland

Bauernhöfe und Almhütten gehören zur Kulturlandschaft der Alpen wie die dort zu findenden Kirchen, Kapellen und Bildstöcke.

◄ Einödsbach mit Mädelegabel/Deutschland
► Les Haudères im Val d'Hérens/Schweiz

Les fermes et les châlets des alpages font autant partie du paysage cultivé des Alpes que ses églises, ses chapelles et ses calvaires.

◄ Einödsbach avec la Mädelegabel/Allemagne
► Les Haudères dans le Val d'Hérens/Suisse

Farmhouses and chalets are an integral part of the Alpine scenery, just like the churches, chapels, and wayside shrines.

◄ Einödsbach with Mädelegabel/Germany
► Les Haudères in the Hérens Valley/Switzerland

Zwischen Saat und Ernte lebt der Bergbauer als Ureinwohner der Alpen seinen Rhythmus.

◀ Bergbauer im Villnösstal/Italien
▶ Razor-Massiv/Jugoslawien

Entre la semence et la récolte – le paysan montagnard est l'indigène des Alpes.

◀ Paysan montagnard dans la Vallée de Villnöss/Italie
▶ Le massif du Razor/Yougoslavie

"... that shall he also reap." The mountain farmer is the true native of the Alps.

◀ Mountain farmer in Villnöss Valley/Italy
▶ Razor Massif/Yugoslavia

Es gibt heute noch eine ganze Reihe von Siedlungen, die ihren ursprünglichen Charakter bewahrt haben: Die typischen Farben der Hauswände, die Steindächer, die Umfriedungen, die Zäune gehören dazu.
Tende/Frankreich

Il y a encore toutes sortes d'agglomérations qui ont gardé leur caractère d'origine : les couleurs typiques des maisons, les toits en pierres, les clôtures, les palissades autour des champs.
Tende/France

There are still many villages that have preserved their original character: the typical colours of the walls, the stone roofs, the fences.
Tende/France

Hier ruhen in Gott
Peter Profanter
Gasteider
geb. am 30.-11.-1872
gest. am 13.-12.-1919
Anna Profanter
geb. Klara
geb. am 12.-4.-1872
gest. am 8.-1.-1936
R. I. P.

An den Mauern der Kirchhöfe ist sichtbar der Drang, zu umgürten, zu umfrieden, zu verteidigen. An den Bildstöcken erfährt der Wandernde es, wenn sie sich gleich den steinernen Gipfelmalen der höchsten Kuppen in den Berg einrammen.

Hans Leifhelm

Les murs des cimetières montrent la tendance chez l'homme à enfermer, à ceindre, à défendre. Les calvaires s'en portent témoins et ils ressemblent aux croix, qui se détachent sur les hauteurs, et qui sont comme fichées dans la montagne.

Hans Leifhelm

The walls of the churchyard reveal the urge to encircle, to enclose, to defend. The wanderer gets the same impression from the wayside shrines, clinging to the rocks like the stone crosses and monuments that mark the highest peaks.

Hans Leifhelm

Wie die Wiegen, so werden auch heute noch die Grabkreuze in vielen Bergdörfern von Hand gefertigt.
Villnösstal/Italien

Dans beaucoup de villages montagnards, on fabrique encore à la main, les croix des tombes tout comme les berceaux.
La Vallée de Villnöss/Italie

Many objects, including cradles and graveyard crosses, are still made by hand in mountain villages.
Villnöss Valley/Italy

Kultur und Natur

»Aus dem Wechselspiel schöpferischer Kräfte erbaut sich das Bild der irdischen Welt. In unermesslich scheinenden Zeiträumen vollzieht sich der Wandel der Erde. Mit seiner Siedlung und Arbeit wirkt der Mensch mit am Bild der ihn umgebenden Welt.« So schreibt Hans Leifhelm, und wer je das Glück hatte, durch einsame Alpenweiler zu schlendern, muss über die Architektur, die da oben vielfach ohne Architekten entstanden ist, gestaunt haben. Dieser Sinn für Formen und Proportionen! Als sei alles mit der Hand geformt.

Es ist heute schon sehr schwierig, diese ursprüngliche Baukultur zu finden, und es wird immer schwieriger, das wenige noch Erhaltene zu retten. Touristische und industrielle Interessen, nicht zuletzt auch die gleichmacherischen Vorschriften vieler verbürokratisierter Landschaftsschutzorganisationen hemmen ein freies, individuelles Bauen in den Alpen; hemmen damit die schöpferische Kraft des einzelnen, die Möglichkeit des Bauern, seine Landschaft selbst zu gestalten. Überall dort, wo die Bergvölker keinem oder nur geringem Einfluss von aussen ausgesetzt sind, ist ihre Bauweise harmonisch, vollkommen, perfekt in den Proportionen. Dies gilt für die alten Südtiroler Bauernhöfe, die Häuser im Bergell und die Steinhütten der Val d'Aostaner gleichermassen. Bei all diesen Bauten wurden keine Grundrisse gezeichnet und keine Berechnungen angestellt; vielleicht hat der Bauer aus einiger Entfernung die Ausmasse festgelegt oder nach Augenmass bestimmt, wie weit das Dach vorgezogen werden muss. Dies allerdings erst, nachdem der

La culture et la nature

«C'est par l'interaction de forces créatrices que se construit l'image du monde terrestre. La transformation de la terre s'accomplit pendant des espaces de temps qui paraissent incommensurables. L'homme marque aussi l'image de son environnement par son travail et son habitat», écrit Hans Leifhelm, et celui qui a eu le bonheur d'arpenter les hameaux solitaires des Alpes s'est certainement étonné de l'architecture qui s'est faite, là en haut, la plupart du temps sans l'aide d'un architecte. Ce sens des formes et des proportions, c'est comme si tout avait été fait à la main.

Il est déjà de nos jours très difficile de trouver cette forme originale d'habitat et il devient de plus en plus malaisé d'en sauver les derniers vestiges. Des intérêts touristiques et industriels sans parler des préceptes uniformisants, émanant d'organisations pour la défense de l'environnement bureaucratisées à l'extrême freinent, dans les Alpes, une construction libre et individuelle, jugulent ainsi la force créatrice de l'individu, la possibilité qu'aurait le paysan d'agencer, lui-même, son paysage. Partout où les populations montagnardes subissent peu ou pas du tout des influences externes, leurs formes architecturales sont harmonieuses, parfaites dans leurs proportions. Cela vaut pour les vieilles fermes du Tyrol du Sud, les maisons à Bregaglia et les huttes en pierres de la vallée d'Aoste. Pour les construire on n'a eu besoin ni de plans ni de calculs ; peut-être que le paysan a reculé de quelques mètres pour prendre les mesures ou a calculé, à vue d'œil, la pente du toit ceci, naturellement après avoir choisi le meilleur endroit de son terrain pour y bâtir la maison.

Culture and Nature

"The world we see has been formed by the interaction of creative forces. The changes to which our earth is subject take place over periods of time that seem immeasurable. By his work and his settlements man also affects the world surrounding him", writes Hans Leifhelm, and anyone who has had the luck to walk through lonely Alpine hamlets must have marvelled at the architecture that has sprung up in the mountains almost entirely without the aid of architects. What a feeling for form and for proportions – as if everything had been shaped by hand.

Nowadays it is no longer easy to find this kind of unspoilt architecture, and it is becoming increasingly difficult to preserve the little that remains. Tourism and industry, and also the stereotyped regulations of many bureaucratic landscape preservation authorities, have laid a dead hand on free, individualized building in the Alps, inhibiting the creative powers of the individual. Everywhere where the mountain peoples are subject to little or no outside influence, their architecture is harmonious, and perfect in its proportions. This applies to the old South Tirolean farmhouses, the houses in Bregaglia, and the stone huts in Valle d'Aosta. No plans were drawn, and no calculations made for any of these buildings; perhaps the farmers decided on the dimensions by judging them from some distance away, or simply decided by sight how far the eaves of the roof should project – after first choosing the best place on the available ground for the house. Without consulting an architect, the farmer, builder and craftsman in one, adapted his house to its surroundings and to the architec-

beste Platz für das Haus auf dem zur Verfügung stehenden Grundstück bestimmt worden war.
Ohne einen Architekten zu befragen, hat der Bauer, der in diesem Fall Bauherr und Handwerker in einer Person war, seine Gebäude der Umgebung und dem Baustil des entsprechenden Tales angepasst, wie es einstmals der grosse Architekt Palladio getan hat, der seine Villen in die Hügel und vor die Berge gestellt hat, als wären sie eins mit diesen.
Die eingeborenen Nichtarchitekten der Alpen haben aber nicht nur ihr eigenes Heim harmonisch gebaut, sie haben überdies das Dorf, die Berghänge und die Hochflächen als Ganzes gesehen und als Ganzes gestaltet, ohne dies vorsätzlich zu wollen. Wenn die Häuser am Hügel von St. Magdalena im hintersten Villnösstal in einem Halbrund an der Berglehne aneinandergereiht stehen und die flache Mulde als Ackerland freiliegt, so ist das, wenn auch im Kleinen, perfekter Städtebau. Ebenso ist ein seit Jahrzehnten belassener Weiler in Südtirol mit all den Hecken und Holzzäunen, Äckern und Wiesen, Waldstücken und Gehöften ein Stück Kulturlandschaft, wie sie selbst der beste Gartenarchitekt nicht so vollkommen ersinnen könnte.
Es ist nicht allein die Anlage eines Gehöfts, die für ein Bergtal typisch ist, auch die Raum- und Sitzordnung im Inneren ist meist Tal für Tal ein und dieselbe. Damit will ich sagen, dass im Kleinen wie im Grossen alles seine Ordnung hat. Diese Ordnung hat sich – wie auch die Bauform – auf Grund der klimatischen Bedingungen, der Bodenerträge und der nächsten Umgebung herausgebildet.

Sans consulter un architecte, le paysan, constructeur et ouvrier, a adapté son habitation à l'environnement et au style architectonique de sa vallée, comme l'avait fait, à l'époque, le grand architecte Palladio qui a posé ses villas dans les collines et aux pieds des montagnes comme si elles ne faisaient qu'un avec elles.
Les indigènes des Alpes qui n'étaient pas des architectes n'ont pas seulement construit leur maison harmonieusement, ils ont eu une vue d'ensemble du village, des pentes et des hauts plateaux et les ont traités dans leur globalité, sans en avoir eu l'intention. Les maisons de St.-Magdalena, dans les fins fonds du Villnösstal forment, les unes derrière les autres, un grand demi-cercle sur le flanc de la montagne et la cuvette plate a été réservée à la culture : c'est en miniature, une parfaite conception urbaniste. De la même manière, un hameau du Tyrol du Sud intact depuis des siècles, représente avec ses haies, ses barrières en bois, ses champs, ses prairies, ses bois et ses fermes un exemple de ce paysage cultivé tel que le meilleur architecte paysagiste n'aurait pu le concevoir.
Les installations d'une ferme ne sont pas les seules à caractériser une vallée, les usages se ressemblent à l'intérieur de la vallée. Je veux dire par là que chaque chose est à sa place, les grandes comme les petites. Cet ordre – tout comme la forme architecturale – s'est développé à partir des conditions climatiques, du rendement du sol et de l'environnement.
Partout dans les montagnes, des styles de construction se sont formés après des années d'expérience, et ils font partie intégrante des différentes vallées comme les arbres qui y

tural style of his valley, just as the great architect Palladio in his day succeeded in placing villas in landscapes as if they had grown there.
The native non-architects of the Alps, however, did not only produce pleasing farmhouses, but they saw and shaped their villages and the surrounding slopes and pastures as an harmonious whole without even thinking about it. The houses of St. Magdalena am Hügel, high up in the Villnöss Valley, placed in a large semicricle against the mountains, are a perfect piece of miniature town-planning. And many of the hamlets in South Tirol, unchanged for decades, with all their hedges and wooden fences, fields and meadows, copses and houses, melt into the landscape in a way that even the best planner could not achieve.
Not only the outward shape of a farmstead but also the arrangement of the interior is usually the same throughout any particular valley. In other words, everything is inspired by a certain orderliness. This, like the building style, is the result of a number of factors: climatic conditions, type of crops produced, and the character of the immediate environment.
Throughout the mountain areas, building styles have developed in the course of centuries which belong to their surroundings just as much as the trees which have been growing there for centuries. In all these regions people made full use of the rich variety of available wood, stones, and clay; but now this 'natural' form of architecture is in decline the world over.
The mountain farmer no longer wants to live

Überall in den Berggebieten haben sich durch jahrhundertelange Erfahrung Baustile entwickelt, die zu den entsprechenden Tälern gehören wie die Bäume, die dort seit Jahrhunderten wachsen. Überall hat man gelernt, die reichen Möglichkeiten des Holzes, der Steine und des Lehms zu nützen. Jetzt aber beginnt ein weltweiter Zerfall dieser ursprünglichen Architektur.
Der Bergbauer will nicht mehr wie ein Bauer wohnen, sondern wie der Städter oder Eigenheimbesitzer, den er in den Niederungen oder im Fernsehen gesehen hat. Sein Haus baut er mit vorfabrizierten Fertigfenstern, den Kunststeintreppen und einem Blechdach. Anstatt die vielfach notwendigen Neuerungen unter das alte Dach zu bringen, wird vielfach das Alte niedergerissen und nach städtischem Vorbild neu gebaut.
Die falschen Vorbilder beginnen viele Berggebiete zu verderben; die alten, stolzen, formvollendeten Bauformen müssen vielerorts »moderneren« weichen. Und es ist, als ob auf uniformierten, unpersönlichen Bauten ein unheilvoller Geist auf ihre Bewohner einzuwirken beginnt.
Das ursprüngliche Leben in den Bergregionen war entbehrungsreich und hart. Aber es schmiedete die Menschen zusammen, es forderte unabdingbar die Teilung von Leid und Freud. Der Glaube an den Sinn des Lebens im Gebirge war unerschütterlich, das Gefühl der Zusammengehörigkeit tief geprägt. Reichtümer waren unter diesen Bedingungen nicht aufzuhäufen, aber Zufriedenheit und Glück bildeten einen auf der Basis der Bescheidenheit gründenden Faktor, der mehr als nur Ersatz dar-

poussent depuis des centaines d'années. On a appris partout à exploiter les richesses du bois, des pierres et de l'argile. Mais maintenant commence une décadence généralisée de cette architecture originale.
Le paysan montagnard ne veut plus vivre comme un paysan, mais comme le citadin ou le propriétaire de pavillon qu'il a vu dans les plaines ou à la télévision. Il construit sa maison avec des fenêtres préfabriquées, des escaliers en pierres artificielles et un toit en tôle. Au lieu de renover sa vieille maison comme il le devrait, il la fait abattre et reconstruire selon un modèle de la ville.
Ces faux modèles commencent à gâter beaucoup de régions montagnardes; les anciennes constructions fières et d'une parfaite harmonie de formes doivent la plupart du temps céder le pas à d'autres «plus modernes».
C'est comme si, de ces constructions uniformes et impersonnelles, se mettait à influer sur les habitants un esprit maléfique. A l'origine, la vie humaine dans les montagnes ne comportait plutôt que des privations et était très rude. Mais dans un sens, cela soudait les gens entre eux les uns aux autres et exigeait inévitablement la compassion à la souffrance et la joie partagée à l'occasion d'un heureux événement. La croyance en la vie montagnarde était inébranlable, le sentiment de parenté très fortement imprégné. On n'amassait pas de grandes richesses sous ces conditions mais la satisfaction et le bonheur formaient un facteur établi sur une base de modestie et de discrétion qui était plus qu'un simple ersatz. Les riches habitants de la vallée cherchaient et sont toujours à la recherche du bonheur et de

like a farmer, but like a townee or suburban house-owner of the kind he sees in television. He now builds his house with prefabricated windows, cast-stone stairs and a tin roof. Instead of leaving the old roof intact, and renovating underneath as necessary, he frequently tears it down and rebuilds it in the suburban style.
False standards are beginning to ruin many mountain areas; the old, proud, beautiful building patterns are being thrust aside by brashly modern "styles". And it is almost as if these standardized, impersonal buildings were beginning to have a pernicious effect on their "inmates". Life in the mountain regions was originally meagre and hard. But it held the people together, made the sharing of suffering and joy an essential part of their lives. People believed that their way of life in the mountains was right and proper, and there was a strong feeling of solidarity. There was no hope of becoming rich under those conditions, but a contentment and happiness, springing from modest demands, provided a more than satisfactory substitute. The richer people of the lowlands are surely in search of happiness and contentment when they spend their holidays in the mountains. But they take their prosperity with them into the valleys and heights and into what was once a poor but intact community. With the influx of tourists, the mountain farmers no longer had to place stone upon stone, and build roofs, fences, and paths with their own bare hands. The money left in the mountains by holidaymakers enabled them to participate in the comforts of progress and mechanization. But with these

stellte. Glück und Zufriedenheit suchten und suchen wohl auch die begüterten Menschen aus der Ebene, wenn sie ihre Ferien in den Bergen verbringen. Damit aber tragen sie ihren Wohlstand mit in die Täler und auf die Höhen und hinein in ein einstmals zwar armes, aber intaktes Gemeinwesen.
Die Bergbauern mussten nicht mehr Stein auf Stein setzen, Dächer, Zäune, Wege von eigener Hand schaffen. Das Geld der Touristen ermöglichte ihnen, teilzuhaben an Fortschritt, Automation und Komfort. Aber es zogen auch Missgunst und Neid in die Bergdörfer und in die Herzen der Menschen. Das Teilhaben am höheren Lebensstandard konnte plötzlich nicht mehr schnell genug gehen. Ich kenne Familien, die in der Saison ihre Wohnräume an die Touristen vermieten und mit ihren Kindern in die Waschküche umziehen. Sie mögen reicher sein, aber ärmer sind sie auch.

la satisfaction lorsqu'ils passent leurs vacances à la montagne. Ils apportent avec eux dans les vallées et jusque dans les montagnes leur bien-être dans une communauté pauvre jadis mais qui est restée intacte. Les paysans montagnards ne devaient plus entasser les pierres, ne devaient plus faire les toits, les clôtures et les sentiers à la force de leur poignet. L'argent des touristes leur donnait droit à participer aux choses du progrès, à l'automation et au confort. Mais cela attira l'envie et la jalousie parmi les montagnards et dans le cœur des hommes.
Soudain, la participation à un plus haut niveau de vie n'allait plus assez vite. Personnellement, je connais des familles qui louent leurs belles pièces lambrissées à des touristes pendant la saison et qui s'exilent avec leurs enfants dans la buandrie pendant ce temps. Ils sont plus riches mais pauvres malgré tout.

comforts came envy and greed. Suddenly the mountain people cloud not improve their standard of living quickly enough. I know some families who move into sculleries with their children in order to let their living rooms to tourists. This may make them richer, but it also makes them poorer.

Immer ist es ein Kampf mit den Elementen, der Mauer und First ihre Gestalt gebietet. Seltsam ist der Anblick der Höfe an den stürmereichen Hängen, die selber auf Fels gebaut sind und deren Dächer zum Schutz vor dem Orkan mit Felsblöcken belastet sind.

Hans Leifhelm

C'est toujours un combat avec les éléments qui donnent leurs formes au mur et à la crête. Quelles sont étranges, ces fermes accrochées aux pentes exposées aux intempéries, construites sur le rocher ; leurs toits sont alourdis de blocs rocheux qui les protègent de l'ouragan.

Hans Leifhelm

It is a constant battle with the elements, defied by wall and roof. The farmhouses, built on the rock of storm-torn slopes, are strange to look upon, and their roofs are weighed down with rocks to protect them against the gales.

Hans Leifhelm

Häufig entstehen neben den ursprünglichen Almhütten Wochenendhäuser für die Städter aus der nächsten Umgebung.
Jungfraugebiet/Schweiz

Souvent on construit auprès des anciens châlets d'alpage des résidences secondaires pour les citadins des environs.
Région de la Jungfrau/Suisse

Original chalets are often surrounded by weekend cottages for nearby city dwellers.
The Jungfrau region/Switzerland

Die Täler werden oft förmlich überschwemmt von Pensionen und Hotels.
Hochifen/Deutschland

La plupart du temps, les vallées sont souvent envahies par les pensions et les hôtels.
Hochifen/Allemagne

The valleys are frequently overloaded with boarding houses and hotels.
Hochifen/Germany

Die Sennerin macht den Käse nicht nur für sich und ihre Familie, sondern auch für die Touristen.

◄ **Sellagruppe/Italien**
► **Sennerin am Sellajoch/Italien**

La vachère ne fait non seulement pas le fromage pour elle et sa famille mais aussi pour les touristes.

◄ **Le massif de la Sella/Italie**
► **Vachère au pied du Sellajoch/Italie**

The dairymaid now makes cheese for the tourists as well as for herself and family.

◄ **The Sella Group/Italy**
► **Dairymaid on Sellajoch/Italy**

Zäune verfallen. Wie oft wird Brauchtum nur noch für die Urlauber inszeniert.

◀ Bittprozession in Villnöss/Italien
▶ Val d'Arolla/Schweiz

Des clôtures tombent en ruine. Très souvent, on ne met en scène les anciennes coutumes que pour les vacanciers.

◀ Une procession de prières à Villnöss/Italie
▶ Val d'Arolla/Suisse

Fences collapse. How much tradition is now preserved simply for the sake of tourism?

◀ Procession in Villnöss/Italy
▶ D'Arolla Valley/Switzerland

Die Suche nach freier, unverbauter Landschaft wird zunehmend schwieriger.
Blick vom Nebelhorn zur Höfats/Deutschland

Il devient de plus en plus difficile de trouver un paysage ouvert, sans artifice.
Une vue du Nebelhorn vers la Höfats/Allemagne

Unspoilt countryside is becoming increasingly difficult to find.
View from Nebelhorn towards Höfats/Germany

Die wenigen in sich harmonischen Siedlungen und Gehöfte sind zum Anziehungspunkt erholungshungriger Städter geworden.
Brontallo im Val Broglio/Schweiz

Les derniers villages et les dernières fermes ayant conservés une certaine harmonie attirent les citadins avides de repos.
Brontallo dans le Val Broglio/Suisse

The few villages and farmsteads that preserve their organic harmony have become centres of attraction for holidaymakers.
Brontallo in the Broglio Valley/Switzerland

Zuerst entdeckt der Kletterer einen Gipfel, beobachtet ihn und denkt über ihn nach. Dann erst steigt er hinauf. Die Berge haben ihr eigenes Gesicht, gemeisselt von den Winden, von der Kälte, durch Jahrhunderte hindurch – so heben sie sich gegen den Himmel ab. Das macht ihre Anziehungskraft aus.

Gaston Rébuffat

L'alpiniste découvre d'abord, un sommet, l'observe et réfléchit. Alors seulement, il entreprend l'escalade : les montagnes ont leur visage particulier, buriné durant des siècles par les vents et le froid – elles se détachent sur le ciel. Ainsi, elles sont très attirantes.

Gaston Rébuffat

The climber first discovers a peak, observes it, and considers it. Only then does he ascend. The mountains have characteristic features, chiselled through the centuries by the winds and the cold – and they rise against the heavens. That is what makes them so fascinating.

Gaston Rébuffat

Der Zerfall von Wegkreuzen und Kulturdenkmälern in den Alpen hat begonnen.
Val Verzasca/Schweiz

La décadence des calvaires et des monuments culturels alpins a déjà commencé.
Le Val Verzasca/Suisse

The cultural heritage of the Alps is in decline.
Verzasca Valley/Switzerland

Bergbauern und Tourismus

Die Tatsache, dass ich in einem Südtiroler Bauerndorf aufgewachsen bin und heute noch dort lebe, macht es mir leichter, über die Menschen, die in den Alpentälern leben, zu schreiben.
Durch Jahrhunderte hausten die Bergbauern in den Alpen von der übrigen Welt vollkommen abgekapselt. Heute werden sie durch die Technisierung der Landwirtschaft einerseits und den Tourismus andererseits – »Ferien auf dem Bauernhof« – mit einer ganz anderen Umwelt konfrontiert. Der Bauer, früher Patriarch und Selbsthersteller all dessen, was es zum Leben bedurfte, ist heute Arbeiter auf dem eigenen Hof, und vieles von dem, was er braucht – vom Linoleum bis zum Fernsehapparat –, kauft er in der Stadt. Dazu benötigt er Geld, das ihm der Hof oder die »Fremden« bringen müssen. Um es zu verdienen, muss er rationalisieren, intensivieren, Fremdenzimmer herrichten, und nicht selten sitzen die Sommergäste in seiner alten, getäfelten Stube, während er mit seiner Familie in der neuen, städtischen Wohnküche isst.
Das Wirtschaftssystem in den Alpenregionen ist im Umbruch, der Mensch aber ist der gleiche geblieben: freundlich, fleissig, misstrauisch und konservativ, fromm und gottergeben. Durch äussere Einflüsse unsicher geworden ist er im Geschmack, der früher unbestechlich war. Die alten Bräuche und Trachten pflegt er weniger aus Bauernstolz als der Fremden wegen.
Heute von den Bergbauern zu verlangen, sie sollten wieder zu ihrer alten Lebensweise zurückkehren, ist zu spät; es wäre unrealistisch und absurd, sie in ihren Lebensformen

Les paysans montagnards et le tourisme

Le fait que j'ai grandi dans une ferme du Tyrol du Sud et que j'y vis encore me permet plus facilement de parler des gens vivant dans les vallées alpestres.
Durant des siècles, les paysans montagnards vivaient dans les Alpes, complètement retirés du reste du monde. Aujourd'hui ils sont confrontés à un tout autre genre de vie dû à la technicité de l'agriculture d'une part, et au tourisme d'autre part – comme la mode des vacances passées à la ferme. Le paysan était, autrefois, un patriarche qui fabriquait lui-même tout ce dont il avait besoin pour vivre; aujourd'hui il est son propre ouvrier agricole, et il achète, en ville, presque tout ce qu'il faut – du linoléum à l'appareil de télévision. La ferme ou les «hôtes payants» doivent lui apporter l'argent nécessaire à ces acquisitions. Pour le gagner, il doit rationaliser, intensifier, aménager des chambres à louer, et il arrive assez souvent que les estivants soient installés dans la vieille salle carrelée tandis qu'il mange avec sa famille dans la nouvelle cuisine moderne.
Le système économique alpin est en pleine transformation, mais l'être humain est resté le même: aimable, travailleur, méfiant, conservateur, pieux et dévoué à Dieu. Subissant l'influence du monde extérieur, son goût, autrefois très sûr, est devenu incertain. C'est moins par fierté paysanne que pour plaire au touriste qu'il soigne les anciennes traditions et les costumes folkloriques.
Il est trop tard maintenant pour demander aux montagnards de reprendre leur vieux «mode» de vie; ce serait peu réaliste et absurde de vouloir les emmurer dans leurs

Mountain Farmers and Tourism

The fact that I was born in a South Tirolean mountain village and still live there makes it easier for me to discuss the people who live in the Alpine valleys.
For centuries the mountain farmers were virtually cut off from the world outside. Now, due to the mechanization of agriculture on the one hand, and tourism on the other – "holidays on the farm" – they are being confronted with a totally different world. The farmer, formerly a patriarch, and maker of all the things he needed, is now merely a worker on his own farm, and he buys a great deal of what he needs – from linoleum to television set – in town. For this he must have money which he has to get from farming or from tourists. To earn this money he has to farm more rationally, more intensively, provide accomodation for holidaymakers, and, as often as not, give up his old, panelled parlour to the guests while he eats with his family in the new town-style kitchen.
The economic system in the Alpine regions is changing, but the people remain the same: friendly, hard-working, suspicious, conservative, devout. Their feeling, for style, their taste, has been shaken by outside influences. They preserve the old traditions and regional costumes as a tourist attraction, rather than out of pride in them.
It is too late now to call upon the mountain farmers to return to their old way of life; that would be unrealistic and absurd. A farmer's life is not as rosy as the townee imagines in his enthusiasm for the "back to nature" movement; it never was. In the period from 1869 to 1910 alone, the population of the high regions

fest zu mauern. So rosig, wie dem Städter im Zuge der »Zurück-zur-Natur-Bewegungen« das Leben der Bauern erscheinen mag, ist es nicht; war es sicher auch nie. Allein von 1869 bis 1910 verminderte sich die Bevölkerung der Höhenzonen Tirols (über 1000 Meter) trotz hoher Kinderzahlen um durchschnittlich 22 bis 37 Prozent. Trotz aller Anstrengungen waren die in der Berglandwirtschaft erzielten Erträge so gering, dass die Bevölkerung im Winter oft nur mit Mühe überleben konnte. Einzelne Bergbauerngemeinden haben in diesen fünf Jahrzehnten mehr als die Hälfte ihrer Bewohner verloren. Dazu kommt, dass die Entsiedlung im Hochgebirge – im Gegensatz zum Flachland – immer auch endgültige Verödung der Landschaft bedeutet.
Nun sollen also einerseits die Bergbauern dafür sorgen, dass uns Touristen die Alpen als Lebens- und vor allem Erholungsraum erhalten bleiben, und sich dabei andererseits vom Tourismus nicht »verderben« lassen, nicht teilhaben am grossen Geschäft mit den Alpen. Seit Jahrzehnten sind Fremdenverkehrsmanager emsig darum bemüht, die Erwartungen freizeithungriger Menschen mit gut konfektionierten und werbewirksam verpackten Angeboten zu erfüllen. Um Urlaubern, dem Kunden also, Spass, Kurzweil und Ausgelassenheit zu verkaufen, werden in die schönsten Berglandschaften Rummelplätze des Vergnügens und Jahrmärkte der Heiterkeit eingepflanzt und Wälder, Wiesen, ja ganze Täler dafür gerodet, als ob es gälte, die Alpen Stück für Stück zu einem gigantischen Freizeitpark nach dem Vorbild des Walt-Disney-Landes umzugestalten.

façons de vivre. La vie des paysans n'est pas aussi rose qu'elle veut bien le paraître à un citadin influencé par «le mouvement du retour à la nature»; elle ne l'a certainement jamais été. De 1869 à 1910 la population des montagnes tyroliennes (au-dessus de 1000 m) diminua déjà en moyenne de 22 à 37 pourcent malgré le grand nombre d'enfants. En dépit de tous les efforts entrepris, les profits réalisés dans l'agriculture montagnarde étaient si minimes que la population avait du mal à subsister en hiver. Quelques-unes de ces communes rurales de montagne ont perdu, au cours de ces cinquante années, plus de la moitié de leurs habitants. Le dépeuplement en montagne – par opposition à celui des vallées – entraîne toujours un appauvrissement définitif du paysage.
Ainsi, les paysans montagnards doivent veiller d'une part à ce que les Alpes restent des espaces récréatifs épargnés par le tourisme et sans participer aux grandes affaires faites avec les Alpes; d'autre part les «managers» du tourisme s'occupent activement depuis des décennies de satisfaire les exigences des affamés de loisirs en leur offrant des produits sur mesure qui sont de bons objets publicitaires. Pour vendre aux vacanciers, c'est-à-dire aux clients, du plaisir, de la détente et de la bonne humeur, les plus beaux paysages alpins sont transformés en parcs de plaisance et en attraction de gaîté, et les forêts, les prairies, des vallées entières sont défrichées à cet effet, comme s'il fallait de transformer les Alpes, de pied en cap, en un gigantesque parc d'attractions à la manière de Walt-Disney-Land.
Pour justifier cette politique de plus en plus

in Tirol (above 3,300 ft) dropped by an average of between 22 and 37 per cent, despite a high birthrate. In spite of the hard work put into the land, the yield in these high-lying areas was so small that simply surviving the winter was often a serious problem. The population of some mountain communities was reduced by more than half in the period mentioned above. And flight from the land in the mountains – in contrast to the lowlands – inevitably means that the deserted country degenerates into wilderness.
The mountain farmers are caught up in a contradiction: they are expected to preserve the Alps as a playground for the rest of the world (though they must not allow themselves to be "corrupted" by tourism or take a slice of the cake) while at the same time the tourist industry is busy selling the attractions of the countryside on a large scale to recreation-hungy townspeople. Woods, meadows, even entire valleys, are destroyed in order to provide holidaymakers with high-powered fun of a kind totally opposed to the true values of the countryside, as if there were a deliberate plan to turn the Alps bit by bit into a kind of gigantic Disneyland.
Two principal arguments are produced in an attempt to justify this exploitation of the Alps: the holidaymaker, in search of recreation, must be given something for his money, and, furthermore, something must be done to support and develop the backward Alpine regions. These two arguments have spearheaded the expansion of tourism in the Alpine area to the very limit of its capacity. There is no doubt that in many cases these arguments

Zur Rechtfertigung dieser ständig vorwärtsgepeitschten Erschliessung um jeden Preis werden zwei Argumente sozialer Art ins Feld geführt: Dem erholungsuchenden Gast müsste schliesslich was geboten werden; die wirtschaftlich zurückgebliebenen Alpenregionen müssten unterstützt, erschlossen werden.
Mit diesen Begründungen hat man in den letzten zwei Jahrzehnten die touristische Erschliessung des Alpenraumes bis an die Grenzen der Belastbarkeit getrieben. Es steht ausser Zweifel, dass diese Argumente schon in vielen Fällen ein Scheinmäntelchen sind, das die wahren Gründe zudecken soll. Wenn in Ferienorten, die seit Jahrzehnten weltbekannt sind, nach wie vor ohne jede Rücksicht auf die Umwelt Hotels und Vergnügungsstätten aller Art aus dem Boden gestampft werden, so geschieht dies längst nicht mehr zugunsten der wirtschaftlich zurückgebliebenen Einwohner, sondern ausschliesslich aus Profil- und Profitsucht. Die Schatten dieser übersteigerten Entwicklung werden zusehends länger. In den obersten Etagen der Wirtschaftsimperien »Touristik, Freizeit, Sport« werden die Signale einer gewandelten Einstellung und die eigenen Beschränkungsmechanismen jedoch immer noch nicht genügend beachtet. Und die Alpen sind stellenweise schon mehr als überlastet.
Die Überflutung der Alpen mit erholungswütigen Urlaubern bleibt nicht ohne Einfluss auf die einheimische Bevölkerung. Die Jugend wird von der »Urlaubswelt« angezogen; es lokkern sich die Beziehungen zu der übernommenen Ordnung. Die schleichenden Abbau- und Umbauprozesse auf der gesellschaftlichen

inflationnaire d'exploitation outrancière, on avance deux arguments à couleur sociale : le vacancier a besoin de trouver un moyen pour se recréer ; les régions alpines économiquement sous-développées doivent être soutenues et exploitées. Pour ces deux raisons, on a suremployé les capacités touristiques des Alpes.
Cela ne fait pas l'ombre d'un doute que ces arguments sont dans tous les cas une sorte de couverture factice qui doit dissimuler les véritables raisons. Si l'on fait sortir de terre, à la manière de champignons, hôtels et parcs d'attractions de toutes sortes dans les centres de vacances renommés depuis des dizaines d'années et cela sans se soucier de l'environnement, ça n'est plus – et depuis longtemps – au profit de l'habitant, resté économiquement arriéré mais au bénéfice d'une maladie de profit et de profil.
Pendant ces vingt dernières années les ombres de ce développement exagéré se sont de plus en plus allongées. Et, dans les derniers étages des empires économiques que sont « le tourisme, les loisirs et le sport », on continue à ignorer les signaux d'une prise de position changée et les mécanismes d'autosaturation. Les Alpes sont, par endroits, plus que saturées. Cette invasion des forcenés du loisir ne manque pas d'influencer les populations du pays. La jeunesse est attirée par « le monde des vacances »; les rapports avec l'ordre établi se défont. Ce lent processus qui fait disparaître et se transformer les anciennes formes sociales entraîne un déracinement de la génération montante et est un facteur du dépeuplement des montagnes.
La raison commande donc de tenir le tou-

are simply a pretext. When hotels and places of amusement continue to be built at a frantic rate without any regard for the environment in resorts which have been world-renowned for decades this is certainly no longer for the sake of an economically underdeveloped population, but simply with a view to prestige and profit. The shadows cast by this overhasty development are getting noticeably longer. But these signals have not yet been taken seriously enough by the captains of the tourist, leisure, and sport industries; and self-control mechanisms have not yet been built in, so that there is a real danger of destroying the goose that lays the golden eggs.
The flood of tourists greedy for recreation inevitably has repercussions among the local population. The young people are attracted by the "holiday world", and a long-established system of order is threatened. The social structure is gradually being eroded, leaving the younger generation rootless, and encouraging them to flee the land.
Common sense tells us that tourism should be ridden with a tight rein, and that, on the other hand, the economic development of the mountain regions should be supported to enable them to further develop their own lifestyle instead of forcing an alien one upon them, destroying their received harmony and their balanced relationship with their environment.

Ebene führen zur Entwurzelung der nachrükkenden Generation und begünstigen die Bergflucht.
Die Vernunft verlangt also, dass der Fremdenverkehr hart am Zügel gepackt wird und dass andererseits die wirtschaftliche Entwicklung der Berggebiete so gefördert wird, dass die Bergbauern die Möglichkeit haben, ihre eigene Lebensform weiterzuentwickeln, anstatt eine zu übernehmen, die ihnen fremd ist und die ihre Harmonie sowie das Verhältnis zu ihrer Umwelt stört.

risme fermement en laisse et de favoriser le développement économique des régions montagnardes de sorte que les paysans aient la possibilité de faire progresser leur propre forme de vie au lieu d'en adopter une qui leur soit étrangère et qui détruise leur harmonie, et leur rapport avec l'environnement.

Es rentiert sich bereits, auch in den Ostalpen viele Millionen Gulden in Gebäuden und Verkehrsmitteln anzulegen, die ausschliesslich dem Fremdenverkehr dienen, dessen plötzliches Stocken die Länder ärger als Hochwasser und Missernte heimsuchen würde.

Erschliessung der Ostalpen, 1893

Il est déjà rentable d'investir dans les Alpes Orientales de nombreux millions de florins destinés aux bâtiments et aux moyens de transport pour l'usage exclusif du tourisme, dont l'arrêt brutal serait aussi nuisible à ces régions que des inondations ou une mauvaise récolte.

Mise en exploitation des Alpes Orientales, 1893

It is already worth while to invest many millions of guilders in buildings and communications in the Eastern Alps solely for the purpose of tourism, which, if it suddenly dried up, would hit the country harder than floods or a bad harvest.

Opening up the Eastern Alps, 1893.

Der Tourismus ist eine Belastung und Notwendigkeit zugleich für die Alpentäler.
Rhonetal/Schweiz

Le tourisme est, à la fois, une charge et une nécessité pour les vallées alpines.
La Vallée du Rhône/Suisse

Tourism is both a curse and a blessing for the Alpine valleys.
Rhône Valley/Switzerland

Die Alpen sind ein einziges Naturwunder. Leider sind die schönsten und berühmtesten Stellen zu Tummelplätzen mit Strassen und Seilbahnen geworden.

▶ Erdpyramiden bei Ritten/Italien
▶▶ Drei Zinnen/Italien

Les Alpes sont un véritable miracle de la nature. Malheureusement les endroits les plus beaux et les plus célèbres sont devenus des terrains de jeux coupés de routes et de téléphériques.

▶ Monticules terreux près de Ritten/Italie
▶▶ Drei Zinnen/Italie

The Alps are one of the natural wonders of the world, but some of the best beauty spots have been desecrated by roads and cable railways.

▶ Earth pillars near Ritten/Italy
▶▶ Drei Zinnen/Italy

Die gesicherten Klettersteige, die markierten Wege, die Hütten – sie sind eine Bereicherung, aber gleichzeitig auch ein Einschnitt in die Ursprünglichkeit der Landschaft.
Bocchette-Weg in der Brentagruppe/Italien

Les sentiers d'escalade équipés de dispositifs de sécurité, les chemins marqués, les refuges alpins – tout cela augmente l'effectif des possibilités mais ils dénaturent aussi le paysage.
Le chemin de Bocchette dans le massif de la Brenta/ Italie

Artificial climbs, marked routes, and huts scattered throughout the Alps open up large regions, but at the same time encroach on the unspoilt nature of the countryside.
Bocchette route in the Brenta Dolomites Group/Italy

Zwischen Talgrund und Eisgipfeln schöpft der Mensch die Landschaft der Alpen aus.
Schloss Tirol/Italien

Du fond de la vallée à la pointe glacée des sommets, l'homme a exploité le paysage des Alpes.
Château de Tyrol/Italie

Man has made full use of the Alpine countryside from the valleys to the peaks.
Tirol Castle/Italy

Auf viele Gipfel führt heute eine Seilbahn, durch fast alle Täler und Schluchten eine Strasse.

◀ Via Mala/Schweiz
▶ Bohinj-Tal bei Bled/Jugoslawien

Un téléphérique rejoint de nombreux sommets et une route traverse presque toutes les vallées et les précipices. Il y a toujours un téléphérique pour joindre deux sommets et une route pour traverser des vallées et des précipices.

◀ Via Mala/Suisse
▶ La Vallée de Bohinj près de Bled/Yougoslavie

There are cable railways to many peaks, and roads through nearly every valley and gorge.

◀ Via Mala/Switzerland
▶ Bohinj Valley near Bled/Yugoslavia

Hoch über dem einförmigen Talkessel steht der einsame Berg. Allein. Ein Felszacken von ganz ungeheuerlicher, unverständlicher Grösse. In eisig kalter Ruhe blickt er auf das Leben da unten herab, wie ein Wahrzeichen aus einer anderen, grösseren Welt.

Theodor Wundt

La montagne solitaire domine le bassin uniforme de la vallée. Seule. Une arête rocheuse d'une taille étonnante, énigmatique. Dans cette tranquillité glacée, elle contemple la vie, tout en bas, signe d'un autre monde, encore plus grand.

Theodor Wundt

The mountain rises high above the regular valley basin. A rocky crag of monstrous, incomprehensible size. It looks down on life below with ice-cold repose, like a symbol of another, greater world.

Theodor Wundt

Ob die Landflucht wohl ohne den Tourismus aufzuhalten gewesen wäre?
Villeneuve im Valle d'Aosta/Italien

Pourrait-on empêcher le dépeuplement sans le tourisme ?
Villeneuve dans le Val d'Aoste/Italie

Would there have been a flight from the land without tourism?
Villeneuve in Valle d'Aosta/Italy

Mensch und Berg

Um den heutigen Standpunkt im Verhältnis Mensch – Berg bestimmen zu können, muss ich auf die Anfänge des Bergsteigens zurückgreifen.
Der Alpinismus ist aus dem Wunsch einiger Forscher und Abenteurer geboren worden, die Alpen kennenzulernen, sie zu erobern und zu erschliessen. In zweihundertjähriger Tätigkeit wurden Hütten gebaut, Strassen und Steige angelegt; fast alle Gipfel sind bestiegen.
Heute stehen wir vor einer ausreichend erschlossenen, teilweise sogar überlaufenen Alpenlandschaft. Eine weitere Erforschung wäre für die Menschheit von geringer Bedeutung, in vieler Hinsicht sogar schädlich. Denn jede Erkundung löscht ein wenig von jener Ungewissheit, die wir da oben suchen – suchen, um unser ungenütztes Potential an Emotionen und Kraft zu erfahren.
Was am Bergsteigen sinnvoll geblieben ist, ist die Möglichkeit, dass wir es tun können; auch heute noch. Für uns ist das Bergsteigen noch nicht getan! Wir haben es übernommen, als Tätigkeit übernommen, in der Technik verfeinert und betreiben es heute als Sport, als Spiel, als Ausgleich zum Alltagsleben, und so wie Hunderttausende von Jugendlichen im Gammelleben ein Ventil gegen Frustration und Langeweile suchten, finden es einige andere im Bergsteigen.
Dennoch sind die Berge kein Ausweg aus unserem modernen, zum Teil unerfüllten Leben, aus einer gestörten Innenwelt, aus der Langeweile einer mechanisierten Arbeit; sie können ihn nur zeigen. Darin liegt die Bedeutung des Bergsteigens, nicht nur für die Jugend, nein, für die gesamte Menschheit.

L'homme et la montagne

Pour pouvoir définir le point de vue actuel du rapport entre l'homme et la montagne, je dois remonter aux sources de l'alpinisme.
L'alpinisme est né du désir qu'avaient quelques chercheurs et aventuriers de connaître les Alpes, de les vaincre et de les exploiter. Durant deux cents ans, on construit des huttes, des routes et des sentiers, et presque tous les sommets sont escaladés. Aujourd'hui nous avons un paysage alpestre suffisamment exploité, trop même en partie. L'humanité n'a aucun intérêt à ce que d'autres recherches soient poursuivies, celles-ci seraient, par contre néfastes. Car chaque nouveau pas fait dans ce sens, détruit un peu cette incertitude que nous allons chercher là-haut afin d'apprendre à connaître nos émotions et la force cachée qui est en nous.
L'escalade a gardé un sens : elle est encore praticable aujourd'hui. Pour nous elle n'est pas encore morte. Nous l'avons adoptée en tant qu'activité, nous en avons amélioré la technique et c'est aujourd'hui un sport, un jeu, une compensation au quotidien. Tandis que des centaines de milliers de jeunes cherchent, une soupape à leurs frustrations, dans une vie errante, d'autres la trouvent dans l'escalade.
Cependant les montagnes ne sont pas une issue échappatoire à un certain vide de notre vie moderne, à un monde intérieur dérangé, à l'ennui d'un travail mécanisé: elles peuvent seulement le montrer. Voilà la signification de l'escalade, non seulement pour la jeunesse mais aussi pour toute l'humanité. Les voies et les possibilités qu'elle ouvre sont simples. Chacun peut les suivre. Elles sont, en outre, si

Man and Mountain

In order to appreciate the present man-mountain relationship, it is necessary to go back to the beginnings of mountaineering. Alpinism was born of the wish of a few scientists and adventurers to explore the Alps, to conquer them, and to open them up to others. In the course of two hundred years of activity, huts have been built, roads and paths constructed; nearly all peaks have been climbed. Now the Alps have been adequately opened up, and in parts are even overcrowded. Further Alpine research would bring mankind little profit, and might even be damaging, for every investigation removes some of that uncertainty which is part of mountaineering – the part that tests our unexplored reserves of emotion and strength.
We must be grateful that we can still indulge in mountaineering at all. Mountaineering is not yet finished!
We have technically refined it, and indulge in it as a sport, as a game, as a compensation for everyday life; and just as hundreds of thousands of young people lived as hippies to escape frustration and boredom, others resort to mountaineering.
And yet in themselves the mountains do not represent a way out of our modern, in many cases unfulfilled lives, are not a way to escape from a disturbed psyche, or from the boredom of mechanical, repetitive work; they can only point the way. This is the important function of mountaineering, and not just for young people, but for humanity as a whole. The opportunites offered by mountaineering are open to everyone. And they are so attractive that every mountaineer would like to infect all

Die Wege und Möglichkeiten, die das Bergsteigen aufzeigt, sind einfach. Jeder kann sie lernen. Mehr noch, sie sind so bestechend, dass der Bergsteiger alle seine Freunde dafür begeistern möchte.
Der Vorwurf, es sei nicht tragbar, noch mehr Menschen ins Gebirge zu locken, ist unbegründet. Sicher, es gibt viele überlaufende Modegebiete, die sich kaum noch unterscheiden von den grossen Städten. Es gibt aber noch viel mehr unbegangene Täler und Hochflächen, die noch Besucher verkraften.
Es ist die Aufgabe der alpinen Vereine und der Bergsteigerschulen, die Menschen auf die Gefahren am Berg vorzubereiten – und nicht umgekehrt den Berg für die Menschen zu präparieren –, den Bergsteigerstrom im gesamten Alpenraum gleichmässig zu verteilen und den Erholungsraum Alpen in seiner ursprünglichen Form zu erhalten.
Die Berge müssen einer breiten Schicht zugänglich gemacht werden, aber nicht mit Hilfe von Seilbahnen und Autostrassen, auch nicht unbedingt mit Hütten und markierten Wegen. Diese sind gegen den Lernprozess, den jede Bergfahrt auslöst: den Ausweg aus einem abgesicherten, nichtssagenden Leben in uns selbst zu finden.
Und wir brauchen ihn, diesen Ausweg; gerade weil wir in Wohlstand und Überfluss leben. Wer kann sich mit dieser reichen Welt schon zufriedengeben? Die Sicherheit, die sie uns aufzwingt; die künstlichen Bedürfnisse, die sie in uns weckt; die Jagd nach Geld und Wohlstand, in die sie uns treibt, erdrücken uns; sie nehmen uns die Luft zum freien Atmen. Wir werden bequem, fett; neigen immer mehr

séduisantes que l'alpiniste voudrait faire partager son enthousiasme à tous ses amis.
Penser qu'il n'est pas raisonnable d'attirer encore plus de monde dans la montagne, est sans fondement. Certes, il y a beaucoup de régions à la mode surpeuplées, à peine différentes des grandes villes. Mais il y a encore plus de vallées et de plateaux solitaires qui supportent toujours des visiteurs. Les clubs alpins et les écoles d'alpinisme doivent préparer les gens aux dangers que la montagne renferme et non, au contraire, la montagne pour les gens ; il leur faut aussi répartir, préparer de façon égale le fleuve d'alpinistes dans tout l'espace alpin et conserver aux Alpes leur caractère de lieu de repos naturel.
Les montagnes doivent être rendues accessibles à un large public mais pas à l'aide de remonte-pentes et d'auto-routes, avec des huttes et des sentiers marqués. Tout cela s'oppose à l'apprentissage que chaque sortie en montagne nous procure : la possibilité de se retrouver en s'évadant d'une vie assurée et vide de sens.
Et nous en avons besoin, justement parce que nous vivons dans le bien-être et la surproduction. Qui peut se satisfaire d'un monde aussi riche ? De la sécurité qu'il nous impose ? Des besoins artificiels qu'il fait naître ; la chasse à l'argent et au bien-être à laquelle il nous pousse, nous étouffent, ils nous empêchent de respirer. Nous devenons dolents et gras et avons de plus en plus tendance à vivre comme des paresseux et des somnolents.
Beaucoup de jeunes gens s'opposent aujourd'hui à ce genre de vie, leurs reproches touchent les adultes, les pionniers : «Les auto-

his friends with his enthusiasm. The objection that it is wrong to entice even more people to the mountains is unjustified. There are, of course, many overcrowded fashionable resorts which are hardly distinguishable from the cities. But there are far more hardly known valleys and heights which could accomodate more visitors without losing their character.
The Alpine clubs and mountaineering schools should prepare people for the mountains – and not adapt the mountains to people; they should see that the crowds of mountain enthusiasts spread out evenly throughout the whole of the Alpine region, and should help to preserve the recreation potential of the Alps in its original form.
The mountains must be made available to a broad section of the public, but not with the aid of cable railways and fast roads, and not even with huts and marked routes. These are in opposition to the learning process which every trip into the mountains stimulates: the way out of a too secure, meaningless life, and the discovery of our own identity.
And we need this way out: precisely because we live in an over-prosperous society. The security this society imposes on us, the artificial needs it creates, the race for money and prosperity it involves us in, stifles us, leaves us incapable of breathing freely. We become fat and lazy; tend more and more to spend our lives at ease, avoiding any effort.
Today, many young people reject this kind of life, and reproach the older generation, the pioneers: "The Alps have been ruined by fast roads and cable railways!" Those that built them accuse youth of being lazy, incapable of

dazu, unser Leben in träger, schläfriger Weise zu geniessen.
Viele junge Menschen lehnen sich heute gegen dieses Leben auf, ihre Vorwürfe treffen die Erwachsenen, die Pioniere: »Die Alpen sind voller Autostrassen und Seilbahnen – kaputt.« Diejenigen, die sie gebaut haben, werfen den Jugendlichen vor, bequem zu sein, unfähig zur Anstrengung. Wie aber sollen junge Menschen Schwierigkeiten überwinden wollen, ohne solche noch erleben zu können? Man ist ja überall dabei, die Schwierigkeiten auszuschalten; auch in den Bergen Hotels statt Hütten zu errichten, Fahrwege anstelle von Wanderpfaden.
Schwierigkeiten, die man überwinden kann, Gefahren, denen man ausweichen kann, Anstrengungen, die man auf sich nehmen kann, sich selbst zu beweisen oder anderen zu helfen – dies braucht der Mensch – obwohl er fieberhaft bemüht ist, alles das aus seiner Umwelt zu verbannen. Und weil der Mensch das braucht, sollten wir die Alpen erhalten; schon um die Möglichkeit offenzulassen, die die Berge in dieser Richtung bieten wie kaum eine andere Landschaft.
Man wirft jungen Leuten heute vor, sie seien denkunfähig und ohne kritisches Urteilsvermögen. Diese Vorwürfe kommen von den Erwachsenen, also genau von jenen, die die Jugend mit Werbeslogans und den Versicherungsagenturen in diese Bewusstlosigkeit gestürzt haben. Die junge Generation läuft Gefahr, in der Flutwelle des Überflusses unterzugehen. Sie tut nichts dagegen, weil sie nicht ertrinken kann; weil es an den ernsten Gefahren fehlt.

routes et les téléphériques ont tué les Alpes.» Ceux qui les ont construits reprochent aux jeunes leur paresse, leur indolence. Mais comment les jeunes gens peuvent-ils apprendre à surmonter les difficultés, s'ils ne les ont pas connues ? On est partout en train d'abolir les difficultés. Dans les Alpes, on construit des hôtels à la place de huttes, des routes carrossables au lieu de chemins de randonnée.
Des difficultés que l'on peut surmonter, des dangers que l'on peut éviter, des efforts que l'on peut faire, se mettre soi-même à l'épreuve, ou bien aider les autres : voilà ce qui'il faut à l'être humain bien qu'il s'efforce fébrilement de le bannir de son environnement. Et nous devrions conserver les Alpes parce que l'homme en a besoin, ne serait-ce que pour la possibilité que les montagnes offrent en ce sens, mieux que tout autre paysage.
On reproche aux jeunes gens d'aujourd'hui leur manque de réflexion et d'esprit critique. Ces reproches sont faits par ces mêmes adultes qui, à coup de réclame et d'assurances, ont poussé la jeunesse à cette inconscience. La jeune génération court le danger de se perdre dans le flot de la surabondance. Elle ne se défend pas parce qu'elle ne peut pas se noyer ; parce que les dangers sérieux manquent.
Dans les montagnes, on apprend la simplicité. Nous apprenons, sans l'avoir voulu à l'origine, la satisfaction apportée par une vie difficile. Cela aide, loin des affaires et des détails secondaires de la vie quotidienne, à faire connaissance de l'essentiel, c'est-à-dire de sa propre existence.

exertion. But how can young people be expected to overcome difficulties if they never encounter them? Difficulties are being eliminated everywhere: hotels are built in the mountains instead of huts, roads instead of paths.
Man needs difficulties to overcome, dangers to avoid, and exertion, in order to prove his own abilities or with a view to helping others – but he is nevertheless feverishly endeavouring to banish all these things from the world. It is because man needs these things that the Alps must be preserved to provide them – a function they perform better than almost any other form of country. Young people are accused of being unable to think and of lacking critical judgment. These accusations come from the older generation – the very people responsible for reducing youth to this condition by flooding the world with advertising slogans and insurance agencies. The young generation is faced with the prospect of going under in a flood of prosperity. They do nothing to resist it because they cannot drown; because there are no serious dangers to fight.
The mountains teach us simple things. Without setting out to do so, we learn the satisfaction of coping with difficulties; away from all the mundane activities and petty values of everyday life, one has a better chance of approaching the essential thing in life, of finding one's own identity.

In den Bergen lernen wir das Einfache. Wir lernen, ohne dies primär zu wollen, die Zufriedenheit des schwierigen Lebens. Sicher hilft dies mit, abseits von all den Geschäften und Nebensächlichkeiten des täglichen Lebens zum Wesentlichen zu kommen, einfach zum eigenen Dasein.

Die Erregung, die ich beim Überspringen der ersten Gletscherspalte und beim Passieren meiner ersten Schneebrücke empfand, war ohne Zweifel kaum weniger stark als später das Gefühl, das mich beim Betreten der Gipfel des Fitz Roy und des Makalu überwältigte.

Lionel Terray

L'émotion que j'éprouvais à traverser ma première crevasse glaciaire ou mon premier pont de neige était sans doute bien moins forte que le sentiment qui m'assaillit plus tard en foulant de mes pieds le sommet du Fitz Roy et du Makalu.

Lionel Terray

The thrill that I felt when jumping over the first crevasse and when crossing my first snow bridge was without doubt scarcely less stimulating than the excitement that overwhelmed me later when I stepped onto the summits of Fitz Roy and Makalu.

Lionel Terray

Vor gut hundert Jahren schlossen sich die Bergsteiger in alpinen Vereinen zusammen: Sie bauten Hütten, markierten Wege, sicherten Steige.

Cabane de Panossière mit Combin de Corbassière/Schweiz

Il y a une centaine d'années, les alpinistes se réunirent pour former des clubs alpins : ils construisirent des refuges, des chemins marqués et des sentiers munis de dispositifs de sécurité.

La Cabane de Panossière avec le Combin de Corbassière/Suisse

The Alpine clubs were founded a good hundred years ago; they built huts, marked routes, and placed fixed ropes.

Panossière Hut with Combin de Corbassière/Switzerland

Mit dem Massentourismus begann die Zerstörung, aber auch die Wiederbelebung vieler Alpentäler.
Findeln im Wallis/Schweiz

Avec le tourisme de masse commença, à la fois, la décadence et la réanimation de nombreuses vallées alpines.
Findeln dans le Valais/Suisse

The advent of mass tourism meant the decay but also the revival of many Alpine valleys.
Findeln in Valais/Switzerland

Die Möglichkeiten in Fels und Eis sind für den Kletterer in den Alpen nahezu unbegrenzt.

◄ Mont Blanc mit Grandes Jorasses/Frankreich
► Kletterei am ersten Sella-Turm/Italien

L'alpiniste a des possibilités pratiquement infinies dans le monde du roc et de la glace.

◄ Le Mont Blanc et les Grandes Jorasses/France
► Escalade dans la première tour de la Sella/Italie

Rock and ice provide well-nigh unlimited possibilities for climbers in the Alps.

◄ Mont Blanc with Grandes Jorasses/France
► Climbing on the first Sella Tower/Italy

Allein in den Dolomiten gibt es so viele Gipfel, dass ein Bergsteigerleben nicht ausreicht, um auf allen gestanden zu haben.
Dolomiten mit Langkofel/Italien

Les Dolomites, à elles seules, disposent de tant de sommets qu'un alpiniste très appliqué ne réussirait pas à les exploiter, pendant toute une vie.
Les Dolomites et le Langkofel/Italie

There are so many peaks in the Dolomites alone that even the keenest mountaineer could scarcely climb them all in a lifetime.
Dolomites with Langkofel/Italy

Wandern, Klettersteige erklimmen, Gehen im steilen Fels, Gletschertouren. Nur wer sich langsam an die Berge herantastet, kommt dem Alpinismus näher, kann das Bergsteigen erlernen.

◄ Klettersteig bei Mori in den Tridentiner Vorbergen/ Italien
► Morteratschgletscher mit Bellavistagruppe/Schweiz

Marcher, grimper, escalader des rochers escarpés, faire des randonnées sur les glaciers. Pour approcher l'alpinisme, pour mieux le connaître, la prise de contact avec la montagne doit se faire lentement.

◄ Un sentier d'escalade près de Mori dans les Préalpes du Tridentin/Italie
► Le glacier de Morteratsch avec le massif de Bellavista/Suisse

Walking, training climbs, walking on steep rock, glacier tours. Mountaineering must be learned by stages.

◄ Training climb near Mori in the Alpine foothills in S. Tirol/Italy
► Morteratsch Glacier with the Bellavista Group/ Switzerland

Glücklicherweise gibt es neben Rummelplätzen noch genügend stille Gipfel und Hochflächen.

◄ Der Hohe Dachstein mit Radstädter und Schladminger Tauern/Österreich
► Tofane/Italien

Heureusement, il existe encore, à côté des terrains d'attractions suffisamment de sommets et de hauts plateaux tranquilles.

◄ Le Haut-Dachstein avec les cîmes des Radstädter et le Schladminger Tauern/Autriche.
► Tofane/Italie

Fortunately there are still enough quiet, unspoilt peaks and heights.

◄ Hoher Dachstein with the Radstädter and Schladminger Tauern Mountains/Austria
► Tofane/Italy

Sich Gefahren auszusetzen, ist nicht der Zweck des Spiels, doch gehören sie nun einmal dazu. Nur lange Erfahrung, eine Fülle von Beobachtungen, die nicht nur in der Erinnerung, sondern auch im Unterbewusstsein aufgespeichert werden, gestatten es manchen Bergsteigern, eine Art Instinkt auszubilden.

Lionel Terray

Le but du jeu, ce n'est pas de s'exposer à des dangers, mais ils en font partie. Seuls, une longue expérience, un grand nombre d'observations qui ne sont pas seulement entreposées dans la mémoire mais aussi dans le subconscient permettent à quelques alpinistes de développer une sorte d'instinct.

Lionel Terray

To expose oneself to danger is not the point of the game, but it is nevertheless part of it. Only long experience, a great deal of observation, stored not only in the memory, but also in the subconscious, enables some mountaineers to acquire a kind of instinct.

Lionel Terray

Hütten gibt es inzwischen genug in den Alpen – die Urlandschaft ist rar geworden.
Glecksteinhütte mit Schreckhorn/Schweiz

Il y a maintenant assez de refuges dans les Alpes. Le paysage d'origine est devenu rare.
Le refuge de Gleckstein avec le Schreckhorn/Suisse

There are enough huts in the Alps by now – untouched countryside has become all-too rare.
Gleckstein Hut with Schreckhorn/Switzerland

Sport und Spiel

»Alpinismus« war ursprünglich die Bezeichnung für Alpenkunde, für die wissenschaftliche Erforschung der europäischen Alpen und deren Besteigung. Heute ist dieses Wort eine allgemeine Bezeichnung für sportliches Wandern, Bergsteigen und extremes Klettern in allen Hochgebirgen unserer Erde.
Die Beschäftigung mit dem Hochgebirge von der Antike bis zur Mitte des 18. Jahrhunderts war weniger von Eroberungsgedanken geprägt als vielmehr von Angst und Respekt vor diesen Bergen. Bewunderung für das Hochgebirge zeigten dann Rigweda und Hannibal. Im frühen Mittelalter betrachtete man die Hochgebirge als das Reich der Drachen, Dämonen und Hexen. Im Zeichen einer neuen Naturanschauung unternahmen Dante und Petrarca im 14. Jahrhundert, Kaiser Maximilian I. und Leonardo da Vinci im 16. Jahrhundert Bergbesteigungen.
Aber erst die Touren und Veröffentlichungen der Schweizer Humanisten und Schriftsteller Conrad Gesner, Josias Simler, Johann Jakob Scheuchzer und Albrecht von Haller erweckten ein zunehmendes Interesse an der Erkundung der Alpenwelt, deren Schönheit schon die Maler der Renaissance gepriesen hatten.
Nach langen, von H. B. de Saussure geförderten Versuchen erreichten 1786 M. Paccard und J. Balmat den Gipfel des Mont Blanc. Dessen zweite Ersteigung am 3. August 1787 durch Saussure selbst gilt als »Geburtstag des Alpinismus«.
Die Anfänge dieses modernen Bergsteigens (»Eroberungsalpinismus«) reichen bis in die Mitte des 18. Jahrhunderts zurück, als zunächst Wissenschaftler, unterstützt von Ein-

Le sport et le jeu

« L'alpinisme » désignait, à l'origine, l'étude des Alpes, leur exploration scientifique et leur escalade. On entend par là, aujourd'hui, les randonnées sportives, les ascensions et l'escalade intensive dans toutes les hautes montagnes du globe.
Depuis l'antiquité jusqu'au milieu du 18e siècle, on s'intéressa à la haute montagne, moins pour la conquérir que poussé par la crainte et le respect qu'elle inspirait. Le Rigveda et Hannibal chantaient les louanges de la haute montagne. Au début du Moyen-Age, elle était le domaine des dragons, des démons et des sorcières. Signe d'une nouvelle conception de la nature, Dante et Pétrarque entreprirent des escalades au 14e siècle, ainsi que l'empereur Maximilien Ier er Léonard de Vinci au 16e siècle.
Mais ce sont les randonnées en montagne et les publications des humanistes et écrivains suisses, Conrad Gesner, Josias Simler, Johann Jakob Scheuchzer et Albrecht von Haller qui éveillèrent un intérêt de plus en plus grand pour l'exploration des Alpes dont les peintres de la Renaissance avaient déjà vanté les beautés.
Après de longs essais favorisés par H. B. de Saussure, M. Paccard et J. Balmat atteignirent, en 1786, le sommet du Mont-Blanc. La deuxième escalade par Saussure, le 3 août 1787, est considérée comme « la naissance de l'alpinisme ». Les débuts de ces ascensions modernes (« l'alpinisme de conquête ») remontent au milieu du 18e siècle quand des hommes de science, soutenus par des indigènes, explorèrent les régions alpines. Ainsi, Sir G. Schuckburgh procéda, en 1777, à des

Sports and Pastimes

The term "mountaineering" – "alpinism" in French, "Alpinismus", or "Bergsteigen" in German – originally implied the climbing of high mountains, usually the European Alps, for scientific purposes, or simply for conquest. Today it is used as a general term covering walking, mountain climbing, and rock-climbing in any high mountains throughout the world.
From Classical times until the middle of the 18th century, man's attitude towards high mountains was less determined by thoughts of conquest than by fear and respect. Rigweda and Hannibal were among the first to express admiration for the high mountains. In the Middle Ages the high mountains were looked upon as the seat of dragons, demons, and witches. A new attitude towards nature was expressed when Dante and Petrarc climbed mountains in the 14th century, followed by Emperor Maximilian I and Leonardo da Vinci in the 16th century.
But it was not until the tours and publications of the Swiss humanists and writers Conrad Gesner, Josias Simler, Johann Jakob Scheuchzer, and Albrecht von Haller that interest in the alpine world – whose beauty had already been praised by the Renaissance painters – increased.
After many attempts promoted by H. B. de Saussure, the climbers M. Paccard and J. Balmat reached the summit of Montblanc in 1786. The second climb by Saussure on 3rd August 1787 is looked upon as the "birth of mountaineering". The beginnings of this modern kind of mountaineering ("climbing for conquest") date back to the middle of the 18th

heimischen, die Alpenregionen erforschten. So nahm zum Beispiel Sir G. Shuckburgh 1777 trigonometrische Höhenmessungen am Mont Blanc vor; der Mineraloge D. de Gratet de Dolomieu erkundete die später nach ihm benannten Dolomiten. Fürstbischof Salm-Reifferscheid von Gurk richtete 1799 eine wissenschaftliche Expedition auf den Glockner aus.
Erst mit der Gründung der Alpenvereine und dem Bau von Bergbahnen im letzten Drittel des 19. Jahrhunderts wurde der Alpinismus zum Volkssport; seinen ersten Höhepunkt erreichte er kurz nach der Jahrhundertwende, als fast alle Alpengipfel bestiegen waren.
Die zweite Welle des Alpinismus kündigte sich Ende der sechziger Jahre an. Wurde die Entwicklung im Bergsteigen – also Felsklettern, Gehen im Eis und im Hochgebirge – fast zwei Jahrhunderte lang durch die Einführung immer neuer zusätzlicher technischer Hilfsmittel bei der Lösung immer grösserer bergsteigerischer Probleme (unbestiegene Gipfel, nicht bezwungene Wände usw.) bestimmt, so lässt sich jetzt eine Renaissance des Freikletterns erkennen, die Rückkehr zum klassischen Bergsteigen (Freizeitalpinismus).
Heute, im Zeitalter des Massenbergsteigens, sind nicht nur keine Gipfel mehr zu erobern; es sind auch nur wenige »jungfräuliche« Wände übriggeblieben. Also wird man wieder sportlicher, wie es seinerzeit – beim Mauerhakenstreit 1911 – Paul Preuß, der grosse Widersacher vom Techniker Hans Dülfer, forderte. Preuß hatte das Gerade-noch-frei-Kletterbare zur eigenen Leistungsgrenze erhoben und alle technischen Hilfsmittel abgelehnt. Er wollte das Bergsteigen zu einer Sport-

mesures trigonométriques du Mont-Blanc ; le minéralogiste D. de Gratet de Dolomieu explora les Dolomites auxquelles il donna son nom. Le Prince-évêque Salm-Reifferscheid von Gurk organisa, en 1799, une expédition scientifique sur le Glockner.
Grâce à la formation des clubs alpins et à la construction de téléphériques, dans le dernier tiers du 19e siècle, l'alpinisme devint un sport populaire ; il atteignit son premier apogée, au début de ce siècle, lorsque presque tous les sommets des Alpes furent conquis. La deuième vague de l'alpinisme vint vers la fin des années '60. Si le développement dans le domaine de l'escalade – l'ascension des rochers, la marche sur la glace et en haute montagne – a été déterminé pendant presque deux siècles par la mise en pratique de moyens techniques sans cesse améliorés pour résoudre les problèmes de plus en plus difficiles posés par l'escalade (des sommets encore invaincus, des parois non-escaladées etc.), on assiste maintenant à une renaissance de l'escalade naturelle, au retour à l'ascension classique (l'alpinisme des loisirs).
Aujourd'hui, à l'époque de l'alpinisme de masse, il ne reste plus de sommets à vaincre et très peu de parois encore « vierges ». Ainsi, l'on redevient plus sportif, comme l'avait déjà revendiqué, pendant la bataille des pitons, en 1911, Paul Preuß, le grand adversaire du technicien Hans Dülfer ; Preuß s'était donné, comme limite personnelle d'endurance, tout ce qu'il était possible d'escalader naturellement, et il avait refusé toute aide technique. Il voulait faire de l'alpinisme un sport bien réglementé où la sécurité serait le principe de base.

century, when scientists, supported by local guides, began to investigate the Alpine regions. Thus, for example, Sir G. Shuckburgh made trigonometric measurements on Mont Blanc in 1777; the mineralogist D. de Gratet de Dolomieu explored the Dolomite mountains later named after him. Prince-Bishop Salm-Reifferscheid von Gurk sent a scientific expedition to the Glockner in 1779.
Mountaineering only became a popular sport after the foundation of the Alpine clubs and the building of mountain railways in the last third of the 19th century; the first "boom" occurred shortly after the turn of the century, by which time nearly all the peaks had been climbed. The second came towards the end of the 1960's. While, for more than two centuries, developments in mountaineering – rock-climbing, and walking on ice and in the high mountains – were dominated by the invention of new technicals aids to help solve increasingly difficult climbing problems (unclimbed summits, and faces), a renaissance of free climbing is now beginning – a return to classical mountaineering.
Today in the age of mass mountaineering, there are not only no summits left to conquer, but also very few "virgin" rock faces. So the only new satisfaction is to be obtained from improving sporting standards – just as Paul Preuß, the great opponent of Hans Dülfer demanded in his day (the peg argument in 1911). Preuß considered that a climber's limits lay at the point where an ascent was just still climbable without the use of technical aids, all of which he rejected. He wanted to make mountaineering into a sport with fixed rules,

art mit festen Regeln machen, wobei die Sicherheit oberstes Prinzip sein sollte. Trotzdem ist er selbst abgestürzt: bei einem Alleingang im Jahre 1913, am Mandelkogel in den Nördlichen Kalkalpen.
Ein sehr starker Trend zur Freikletterei im Stile eines Paul Preuß beginnt sich jetzt abzuzeichnen, und die Sicherheit wird dabei nicht vernachlässigt. Nachdem ein gutes Jahrzehnt viel über Sicherheit und Sicherungsmethoden diskutiert wurde, werden diese nun, trotz reduzierten Einsatzes von technischen Hilfsmitteln, schulmässig eingesetzt. Die heutige Bergsteigergeneration ist weniger risikofreudig als andere vor ihr, dafür sportlicher im Sinne von »fair play«. »Stilreinheit« und »Disziplin des Risikos« sind die neuen, ganz bewusst verfolgten Ziele der Kletterer. Um diesen modernen Anforderungen gerecht zu werden, ist ein spezielles Training notwendig, zu dem sich viele – besonders ganz junge Kletterer – in den zahlreichen stadtnahen Klettergärten oder in den Vorbergen am Alpenrand treffen. Diese Trainingsfelsen dienen als Prüfstein für schwierige Touren und auch dazu, die Fingermuskeln zu stärken, die Kletterfertigkeit zu steigern.
In den Alpen, vor allem im Kaisergebirge und in den Dolomiten, bremsten bisher zwei Widersprüche eine natürliche Weiterentwicklung: einmal das Festhalten an der sechsgradigen Schwierigkeitsskala, die den obersten Grad, der schon vor fünfzig Jahren erstmals geklettert wurde, als »Limes« (absoluter Grenzwert) definiert; zum anderen die Verwechslung von Sicherung und Sicherheit beim Bergsteigen.
Als ich im Sommer 1969 in meiner kletter-

Pourtant il fit lui-même une chute, lors d'une escalade solitaire en 1913, dans le Mandelkogel des Alpes calcaires du Nord.
On remarque actuellement une forte tendance à l'escalade libre dans le style de Paul Preuß sans que les règles de la sécurité soient négligées. Après que l'on eût discuté pendant une bonne dizaine d'années au sujet de la sécurité et de ses méthodes, on les appliqua scolairement malgré le secours réduit de la technique. La génération actuelle d'alpinistes a moins le goût du risque que la précédente mais elle est plus sportive : «le fair play», «la pureté du style» et «la discipline tout en prenant des risques» sont les buts recherchés de ces grimpeurs. Pour pouvoir se conformer à ces exigences modernes, il faut subir un entraînement spécial, et beaucoup, surtout les jeunes, se rencontrent, dans ce but, dans les jardins d'escalade situés près des villes ou dans les Préalpes. Ces rochers d'entraînement préparent aux randonnées difficiles et renforcent les muscles des doigts ainsi que l'agilité. Dans les Alpes, surtout dans les massifs calcaires du Tyrol du Nord (Kaisergebirge) et dans les Dolomites, deux facteurs contradictoires freinaient jusqu'alors une évolution naturelle : d'une part, le maintien d'une échelle de difficultés à six degrés, donnant le degré supérieur qui avait été escaladé il y a déjà cinquante ans comme «limes» (valeur limite absolue) ; d'autre part, la confusion faite entre la prévention et la sécurité dans le domaine de l'escalade.
Lorsque, pendant l'été 1969, très sûr de ma technique de montée, j'escaladai la paroi la plus difficile de l'époque, la paroi nord des Droites, et lorsque j'entrepris, quelques semai-

with safety as the first principle. And yet he himself was killed in a fall on the Mandelkogel in the Gosaukamm.
There is now a strong trend in the direction of free climbing à la Preuß, with the accent on safety. The question of safety and protection has been in the forefront for a decade, and these are now being methodically applied, despite the fact that fewer technical aids are employed. The present mountaineering generation is less keen on risks than any of the preceding ones, but has a more sporting attitude, is keen on "fair play". "Purity of style" and a "disciplined attitude towards risk" are the new ideals. Special training is needed if these ideals are to be lived up to, and for this purpose many climbers – particularly young ones – are making use of the numerous "Klettergärten", or training areas near the towns, or in the foothills of the Alps. These training rocks serve as a standard for difficult climbs, and also help to strengthen the finger muscles and increase allround ability.
Two contradictions have so far slowed down a natural development of mountaineering in the Alps, especially in the Kaisergebirge and the Dolomites: firstly the retention of the six-level grading system with the top grade still at the level established fifty years ago; secondly, the confusion of protection and safety in mountaineering. When I was in my best form as a rock-climber in the summer of 1969, and climbed the then most difficult face in the Western Alps, the Droites North Face, and a few weeks later the then most interesting free climb in the Eastern Alps, the Philipp Flamm Groove on the Civetta, solo, I did not feel any

technischen Hochform die damals schwierigste Wand der Westalpen, die Droites-Nordwand, und wenige Wochen später die damals grosszügigste Freikletterei der Ostalpen, die Philipp-Flamm-Verschneidung an der Civetta, allein durchstieg, fühlte ich mich dabei nicht weniger sicher als viele Jahre vorher bei meinen Kletteranfängen am relativ leichten Normalweg der Grossen Fermedea. Ich konnte bei diesen extrem schwierigen Alleingängen auf eine Sicherung grossteils verzichten, weil ich mich eben sicher fühlte. Diese Sicherheit kam aus mir selbst.

Da nun mehr denn je trainiert wird, der siebte Grad offiziell anerkannt ist und ein achter bald folgen wird, bleiben die Alpen eine faszinierende Spielmöglichkeit für alle Bergsteiger.

nes après, l'escalade naturelle la plus risquée des Alpes orientales : le passage Philipp-Flamm dans la Civetta, je ne me sentis pas moins sûr que quelques années auparavant lors de mes débuts, dans le chemin relativement normal de la grande Fermedea. J'ai pu renoncer en grande partie, au cours de ces montées difficiles en solitaire à une sécurité parce que je me sentais suffisamment sûr. Cette sécurité venait de moi-même.

Du fait que l'entraînement s'intensifie maintenant de plus en plus, que le septième degré est reconnu officiellement et qu'un huitième suivra bientôt, les Alpes restent un jeu fascinant pour tous les alpinistes.

less safe than I had done many years before during my beginnings as a climber on the relatively easy normal route on the Grosse Fermedea. On my later extremely difficult solos I was able largely to dispense with protective devices precisely because I felt safe. The safety was built in in my person.

With more training being done than ever, the seventh grade officially recognized, and an eight soon to follow, the Alp still provide a fascinating sporting challenge to all mountaineers.

Eine andere Sprache spricht jetzt das Hochgebirge – unheimlich kalt und wild stehen die zerrissenen Eiswände über den Abgründen, aus denen ein Gewirr dunkler Spalten und Gletscherbrüche drohend hinaufstarrt auf die Eisgrate, die noch funkeln im letzten Lichte der tiefstehenden Sonne.

Arnold Fanck

La haute montagne parle maintenant. Les parois glacées déchiquetées se dressent, froides et sauvages, au-dessus des abîmes d'où embrouillamini de failles sombres et de crevasses glaciaires qui menace les crêtes glacées brillant dans la dernière lumière du soleil couchant.

Arnold Fanck

The high mountains speak a different language – the rugged walls of ice rise tremendously cold and wild above the depths from which a confusion of dark crevasses and cracks stare up threateningly at the ridges of ice which still sparkle in the last light of the setting sun.

Arnold Fanck

Eis und Fels sind nicht nur für das Auge völlig verschieden, sie »riechen« auch anders.
Winterberg in den Glarner Alpen/Schweiz

La glace et le rocher ne sont pas seulement différents d'apparence, ils ont aussi des «odeurs» diverses.
Le Winterberg dans les Alpes de Glaris/Suisse

Ice and rock do not only look different from one another, they even "smell" different.
Winterberg in the Glarus Alps/Switzerland

Die Berge haben immer noch etwas Magisches an sich.
La Meije/Frankreich

Les montagnes ont quelque chose de magique.
La Meije/France

The mountains still retain a magical quality.
La Meije/France

Am Mont Blanc sind es die gewaltigen Gletscher und die Höhe, die bestechen; beim Matterhorn ist es die Form.

◄ Mont Blanc/Frankreich
► Matterhorn/Schweiz

Les puissants glaciers du Mont Blanc et la hauteur des monts de ce massif nous fascinent ; le Mont Cervin est intéressant par sa forme.

◄ Le Mont Blanc/France
► Le Mont Cervin/Suisse

The most striking features of Mont Blanc are its glaciers and height; the Matterhorn impresses by its shape.

◄ Mont Blanc/France
► Matterhorn/Switzerland

Nicht nur das Klettern in Eis und Fels macht mir Spass, sondern auch das Beobachten dieser beiden Elemente.

◄ **Griesgletscher am Nufenenpass/Schweiz**
► **Eisfall bei Grindelwald/Schweiz**

Je n'éprouve pas seulement du plaisir à escalader la glace et le rocher, mais aussi à les observer.

◄ **Le glacier de Gries près du col de Nufenen/Suisse**
► **Chute de glace près de Grindelwald/Suisse**

Ice and rock do not necessarily have to be climbed to be enjoyed – just looking at them is a pleasure.

◄ **Griess Glacier at Nufenen Pass/Switzerland**
► **Ice-fall near Grindelwald/Switzerland**

Die Alpen bieten alle Zwischenstufen – vom Klettergarten bis zum extremen Hochgebirge.

◄ Triglav-Nordwand/Jugoslawien
► Bockmättli/Schweiz

Les Alpes offrent tous les degrés intermédiaires – des rochers d'entraînement à l'escalade jusqu'à la très haute montagne.

◄ La paroi nord du Triglav/Yougoslavie
► Bockmättli/Suisse

The Alps provide every grade of climbing – from training areas to extremely dificult high climbs.

◄ Triglav North Face/Yugoslavia
► Bockmättli/Switzerland

Das Matterhorn, aus der Ferne von wunderbarer Schönheit, verliert seinen Zauber, je näher man ihm kommt. Aus der Nähe betrachtet, ist es nichts als eine gewaltige, von tausend Rinnen zerrissene Schiefermasse. Nichts bleibt von dem Schwung der tanzenden Flamme, die aller Schwere spottet. Dieser düstere Fels bröckelt ohne Unterlass in Staublawinen ab.

Lionel Terray

Le Mont Cervin dont la beauté paraît, de loin, très grande perd de son charme plus on s'approche de lui. Vu de près, il n'est plus qu'une énorme masse d'ardoise entaillée de mille sillons. Il n'a plus rien de cette flamme dansante, pleine d'élan qui brave la gravité. Ce sombre rocher s'effrite sans arrêt en avalanches de poussière.

Lionel Terray

The Matterhorn, marvellously beautiful from a distance, loses its magic the closer one approaches. Seen from nearby, it is nothing but an immense mass of slate, torn by thousands of cracks and gullies. There is nothing left of the vigour of the dancing flame that mocks gravity. The gloomy rock is perpetually crumbling away in dusty avalanches.

Lionel Terray

Klarer Himmel, warmer Fels – Spätherbst!
Einmal muss ich noch hinauf!
Salbitschijen/Schweiz

Un ciel clair, la chaleur d'un rocher – la fin de l'automne ! Il faut que je fasse une dernière escalade.
Salbitschijen/Suisse

Clear skies, warm rock – late autumn!
The call of the heights!
Salbitschijen/Switzerland

Verantwortung und Gefahr

Dass das Bergsteigen ein gefährlicher »Sport« sein kann, ist bekannt. Aber viele Bergunfälle sind weniger der Gefährlichkeit des Bergsteigens als vielmehr der Unbesonnenheit und manchmal sogar der Dummheit der Bergsteiger zuzuschreiben.
Die erschreckend grosse Zahl tödlicher Bergunfälle der vergangenen Jahre ist auf drei Hauptursachen zurückzuführen:
Erstens kommen alle Jahre mehr Menschen in die Alpen. Man kann geradezu von einem Boom des Bergwanderns und des leichten Kletterns sprechen.
Zweitens sind viele der bewegungs- und erholungshungrigen »Kraxler« ohne Ausbildung und Erfahrung am Berg unterwegs. Lawinen, Nebel, Gewitter und Wetterstürze haben deshalb oft schlimme Folgen.
Drittens sind viele Bergsteiger – das gilt für Neulinge ebenso wie für Routiniers – von alten Klischeevorstellungen geblendet. Auch im Zeitalter des Freizeitalpinismus steht Bergsteigen für Mutprobe, Todesverachtung, Männerspiel. Kein Wunder also, dass in den Alpen viele zwischen Umkommen und Durchkommen wandern, klettern, Hochtouren unternehmen.
Dabei ist das Bergsteigen, wenn man es kann, nicht gefährlicher als Reiten, Schwimmen oder Skifahren – wenn man es kann und sich bei der Wahl seiner Touren nicht von Ehrgeiz und Prestigedenken, sondern von der eigenen Erfahrung leiten lässt. Nirgends mehr als beim Bergsteigen gilt der Grundsatz: Das Können ist des Dürfens Mass! Auch extreme Bergsteiger sind keine Todessehnsüchtigen, die ihr Leben leichtfertig um eines Nervenkitzels wil-

La responsabilité et le danger

On sait bien que l'escalade peut être un « sport » dangereux. Mais beaucoup d'accidents sont moins dûs au risque de l'escalade qu'à l'étourderie et même quelquefois à la bêtise de l'alpiniste.
Le nombre effrayant des accidents mortels survenus en montagne est explicable pour quelques trois grandes raisons : D'abord il y a, chaque année, beaucoup plus de gens dans les Alpes. On peut vraiment parler d'un « boom » de la randonnée montagnarde et de l'escalade qualifiée de facile.
Deuxièmement, beaucoup de ces « grimpeurs » avides de mouvement et de loisirs n'ont ni la formation ni l'expérience nécessaires de la montagne. C'est pourquoi les avalanches, le brouillard, les orages et les dépressions atmosphériques sont souvent graves de conséquences.
Troisièmement, beaucoup d'alpinistes – les débutants comme les expérimentés – sont aveuglés par de vieux clichés. Même à l'époque de l'alpinisme des loisirs, l'escalade sert à mesurer son courage, à braver la mort : un jeu viril. Il n'est donc pas étonnant que, dans les Alpes, beaucoup se promènent entre la vie et la mort, escaladent et entreprennent des randonnées en haute montagne.
Cependant, l'escalade, n'est pas plus dangereuse que l'équitation, la natation ou le ski – quand on la maîtrise et que l'on ne se laisse pas guider, lors du choix des tours, par l'ambition ou le prestige mais plutôt par sa propre expérience. Il y a un principe de base valable surtout en montagne : savoir, c'est pouvoir ! Les alpinistes, même ceux qui poussent très loin l'escalade, ne sont pas des candidats au

Responsibility and Danger

It is well-known that mountaineering is a dangerous sport. But many climbing accidents are simply the result of carelessness or even foolishness on the part of the climber rather than of danger inherent in the sport.
The shockingly high number of fatal climbing accidents in recent years is due to three main causes:
Firstly, more people come to the Alps every year. There has been a boom in walking and easy climbing. Secondly, many of the "scramblers", hungry for recreation and exercise, have no training or experience, so that avalanches, fog, storms, and abrupt changes in the weather can prove fatal.
Thirdly, many mountaineers – beginners and practised climbers alike – are the victims of stereotyped ideas. Even in the age of recreational mountaineering, climbing is considered a test of courage, a game for men. It is thus not surprising that for many, walking, climbing, and high routes are all too literally "do or die" exercises.
And yet mountaineering is no more dangerous than riding, swimming, or skiing – provided you are capable, and choose routes within your limits and not for reasons of ambition or prestige. The old rule: "ability must set the limits" applies nowhere more than in mountaineering. Even "hard climbers" are not trying to fulfil a death wish, or risking their lives simply for a thrill – they are generally well aware of what is possible and what they are capable of, and do not exceed their limits. But many city-dwellers, who have ten months of stress and lack of exercise behind them and have a longing for the heights, cannot assess

len aufs Spiel setzen – sie sind sich der Grenzen des Machbaren und ihres Könnens meist bewusst und überschreiten sie nicht.
Viele Städter aber, die nach zehn Monaten Stress und Bewegungsverzicht »den Gipfelkreuzen zustreben«, wissen gar nicht, was sie können. Mehr oder minder gut ausgerüstet beginnen sie den Run auf die Berge. Und schon beginnt die Katastrophe. Da rutscht einer über einen steilen Schotterhang, schlägt ungeschickt auf – tot. Ein anderer verirrt sich im Nebel, weil er vom markierten Weg abgekommen ist; verbringt die Nacht im Freien – erfriert oder stirbt aus Verzweiflung.
Nur ganz selten sind es die senkrechten Wände, in denen Tote zu beklagen sind. Wer sich so weit vorwagt, hat das Bergsteigen gelernt, so dass er meist lebend wieder herauskommt.
Bergsteigen kann man lernen, und der bewegungsungewohnte und technikverwöhnte Städter muss es lernen, wenn er es als verantwortbaren spielerischen Sport betreiben will. Die vielen Alpinschulen in den Alpen geben Gelegenheit dazu. So selbstverständlich es ist, dass der Anfänger einen Skikurs belegt und der Reitschüler nur im Beisein seines Lehrers aufs Pferd steigt, genauso selbstverständlich steigt weit mehr als die Hälfte aller Alpenurlauber ohne Alpinausbildung in den Bergen herum. Aus Erfahrung in meiner Kletterschule in den Südtiroler Dolomiten weiss ich, dass man das Bergsteigen langsam lernen muss; auch ist es wichtig, dass dabei keine Stufe übersprungen wird.
Gelernt werden muss dabei nicht nur die Bewegungs- und Klettertechnik. Der Mensch

suicide mettant facilement leur vie en jeu pour le plaisir d'un frisson. Ils sont conscients des limites du possible et de leurs forces et c'est pourquoi ils ne les dépassent pas.
Beaucoup de citadins s'attaquent au sommet après dix mois de vie fatigante et sédentaire sans savoir de quoi ils sont capables. Ils s'élancent dans la montagne, plus ou moins bien équipés. Et la catastrophe ne fait que commencer. L'un dérape sur une pente raide et caillouteuse, il fait une chute malheureuse et se tue. L'autre se perd dans le brouillard parce qu'il a perdu le sentier marqué ; il passe la nuit dehors, meurt de froid ou de désespoir. Les parois verticales provoquent, en général, peu d'accidents mortels. Celui qui prend le risque d'aller jusque là, a appris la technique de l'escalade si bien qu'il en revient vivant. On peut apprendre l'escalade et le citadin peu habitué au mouvement et gâté par la technique doit en passer par là s'il veut pratiquer ce sport presque comme un jeu, de manière responsable. Les nombreuses écoles alpines se tiennent à sa disposition. Alors qu'il est normal qu'un skieur débutant suive des cours et que l'élève d'une école d'équitation ne monte à cheval qu'en présence de son moniteur, il est tout aussi normal que plus de la moitié des vacanciers grimpent dans les Alpes sans formation préalable. L'expérience acquise dans mon école d'escalade située dans les Dolomites du Tyrol du Sud m'a montré que l'on doit apprendre lentement l'escalade ; on ne doit en sauter aucune marche. On ne doit pas seulement apprendre la technique du mouvement et de la montée. Il faut aussi retrouver l'instinct de la nature, que l'homme

their own ability. When they set off for the mountains, more or less well equipped, the stage is set for a catastrophe. One slips on a steep scree slope, lands awkwardly – dead. Another gets lost in the fog because he has left the marked route, spends the night in the open – and freezes to death or dies of despair. It is only rarely that people die on the vertical cliffs. Anyone venturing onto such terrain has learned mountaineering, and usually comes out alive.
Mountaineering can be learned, and the city-dweller who is out of condition and softened by comfort must learn it if he wants to pursue it responsibly. There are many mountaineering schools in the Alps to cater for his needs. It is taken for granted that a would-be skier will take a skiing course, that a would-be rider will only ride at first in the presence of his teacher, but more than half of all holidaymakers in the Alps go climbing about in the mountains without any training at all. Experience, and my climbing school in the South Tirolean Dolomites have taught me that mountain climbing must be learned slowly without omitting any of the essential steps.
It is not only movement and climbing techniques that have to be learned. People have to recover their lost natural instincts so that they react correctly when changes of weather take place, or if there is a danger of rockfall or avalanches. They must discover and accept their own limitations, must understand how to deploy their own strength. All this can only be acquired in the course of years spent in gradually learning the art of mountaineering.
Anyone who believes that he can tackle the

muss seinen verlorenen Instinkt der Natur gegenüber zurückgewinnen, um sich bei Wetterstürzen, Steinschlag und Lawinengefahr richtig zu verhalten. Er muss seine Grenzen erkennen und akzeptieren lernen, muss es verstehen, seine Kräfte richtig einzuteilen, umzukehren, wenn er unsicher wird.
Dies alles kann man nur in jahrelangem Sich-an-die-Berge-Herantasten lernen. Wer glaubt, gleich in die Eiger-Nordwand gehen zu können, fällt am Beginn schon herunter.
Nur wenn das Bergsteigen von dem Vorurteil, ein Verrücktspiel zwischen Grab und Gipfel zu sein, befreit wird und jeder es von Grund auf lernt, ist es als Massenbewegung verantwortbar. Es birgt dann alle Geheimnisse in sich, ein Ausgleichspuffer zum naturentfremdeten, bewegungsträgen Alltag zu sein.
Für mich ist das Bergsteigen eine Sportart mit kreativ-spielerischem Charakter. Mich reizt vor allem die schöpferische Möglichkeit daran. Es interessiert mich nicht, eine mit vorgegebenen und manifestierten Hilfsmitteln und Markierungspunkten versehene Route zum tausendsten Male nachzuklettern. Was mich reizt, ist die freie Wahl einer bestimmten Tour, die mich wegen ihrer ästhetischen Linie oder wegen bestimmter geschichtlicher Erwägungen fasziniert, ist das souveräne Klettern dieser Tour mit möglichst wenig Vorgaben – »by fair means«. Natürlich – wenn wir das Bergsteigen als Sport betreiben, wird der Ergeiz ein untrennbarer Begleiter. Er ist die Kraft, die antreibt und aktiviert. Eine erreichte Leistung akzeptiert der sportliche Mensch instinktiv nicht als oberste Grenze. Er sucht ständig nach höheren Zielen und neuen Rekorden.

a perdu pour bien se comporter lors des dépressions atmosphériques, des éboulis de cailloux et des risques d'avalanches. Il doit reconnaître ses limites et les accepter, il doit savoir économiser ses forces et rentrer lorsqu'il ne se sent plus sûr de lui. Il faut pour cela approcher la montagne pendant des années. Celui qui pense pouvoir s'attaquer tout de suite à la face nord de l'Eiger, se tue aussitôt.
Si l'on libère l'alpinisme de ce préjugé qui en fait un jeu de fous entre la tombe et le sommet et si chacun en apprend les techniques, on pourra alors en faire un mouvement de masse ; parce qu'il a tout ce qu'il faut pour être l'antidote d'une forme de vie sédentaire et dénaturée.
L'alpinisme est, pour moi, un sport et un jeu créatif : C'est cet aspect-là qui m'attire surtout. Je n'aime pas du tout arpenter, pour la millième fois, un itinéraire marqué, aidé d'une technique encombrante et préfabriquée. Ce qui m'intéresse, c'est choisir librement un tour fascinant par son esthétique et par son histoire, c'est l'ascension souveraine avec le moins possible d'avantages – « by fair means ».
Naturellement – si nous pratiquons l'alpinisme en temps que sport – l'ambition sera notre compagnon inséparable. C'est elle qui est la force stimulante qui nous pousse à l'action. Instinctivement, le sportif n'acceptera pas une performance atteinte comme sa plus grande limite. Ce qu'il recherche, ce sont toujours des buts de plus en plus élevés et de nouveaux records. Chaque être possède cette force d'impulsion. Chez certains, elle ne fait que sommeiller et chez d'autres, elle éclate. Ce

Eiger North Face right at the beginning is doomed to fall right at the beginning. Mountaineering can only be regarded as a popular sport once it has lost its reputation of being a gamble between the summit and the grave, and once all climbers learn the techniques. Then it has the potential to compensate fully for our sedentary, unnatural, modern way of life.
For me, mountaineering is a sport with a creative, playful character, and I find the creative aspect particularly fascinating. I am not interested in climbing for the thousandth time a marked route, prepared with all the necessary aids. What appeals to me is the free choice of a particular route which fascinates me because of its aesthetic line or for some historical reason, and then climbing it by fair means with as few aids as possible. It is obvious that if mountaineering is pursued as a sport, then ambition is bound to play a role in it. It is this element that motivates and stimulates. A sportsman instinctively refuses to accept a certain achievement as the absolute limit. He is constantly looking for new achievements and new records. This urge is present in us all to a greater or lesser degree. But it becomes a questionable quality as far as preservation of nature, and a natural attitude towards oneself are concerned, when the highest limits can no longer be outbid by natural means, and more and more reliance is placed on increasingly sophisticated technical aids.
If all of us always brought back everything we had taken with us, then the rock faces and summits would not only be clean, but also just as attractive in the future as they have been in the past.

Dieser Trieb wohnt in uns allen, beim einen schwach, beim anderen stark ausgeprägt. Bedenklich im Sinne der Erhaltung unserer Natur und wohl auch im Sinne einer natürlichen Einstellung des Menschen zu sich selbst wird es, wenn die Höchstmarken aus eigener Kraft nicht mehr überboten werden können und technische Hilfsmittel in zunehmend grösserem und raffinierterem Umfang hinzugezogen werden.
Wenn jeder von uns alles, was er hochträgt, wieder mit ins Tal zurückbrächte, blieben die Wände und Gipfel nicht nur sauber, auch reizvoll für alle künftigen Generationen, so reizvoll sie für die vorangegangenen waren.

qui donne matière à réfléchir, en ce qui concerne la conservation de la nature, c'est que les montagnes ne sont plus escaladées par la seule force humaine mais aussi à l'aide de moyens techniques raffinés dont l'ampleur croît sans cesse.
Si chacun d'entre nous ramenait dans la vallée tout ce qu'il a apporté avec lui sur les hauteurs, les parois et les sommets resteraient non seulement propres, mais ils attireraient autant les générations futures que les anciennes.

Das Gefühl für das Naturschöne als Ding an sich, losgelöst von grobsinnlichen Gefühlen, die Möglichkeit des reinen ästhetischen Genusses der Natur sind spät geborene Kinder in der Reihe der Empfindungen für das menschenleere und wilde Hochgebirge, für die Wüste und für die »Wolkenlandschaft«.

Henry Hoek

Le sentiment de la beauté naturelle à l'état pur prend sa source dans une sensualité originelle, et l'on peut savourer la nature sur le seul plan esthétique : ce sont les enfants derniers-nés parmi les émotions éveillées par la haute montagne sauvage et dépeuplée, par le désert et « le paysage de nuages ».

Henry Hoek

The feeling for natural beauty per se, divorced from sensual feelings, the possibility of pure, aesthetic enjoyment of nature, are late children in the succession of feelings that develops for the desolate, wild high mountains, for the desert and the "cloudscape".

Henry Hoek

Ist die Grenze der Belastbarkeit der Alpen schon erreicht? Wenn Nebel die Täler füllt, das Unnatürliche zudeckend, vermag ich nicht so recht daran zu glauben.
Vom Rossfeld zum Untersberg/Deutschland

Les Alpes ne sont-elles pas surchargées ? Quand le brouillard emplit les vallées, cachant l'artificiel, je n'arrive pas à y croire.
De Rossfeld vers l'Untersberg/Allemagne

Has tourism reached saturation point in the Alps? It is hard to believe this when mist fills the valleys, concealing all the unnatural features.
From Rossfeld towards Untersberg/Germany

Trotz allem wird es auch weiterhin stille Bergseen und einsame Hochtäler geben.
Antornosee gegen Cadinspitzen/Italien

Il restera, malgré tout, de tranquilles lacs montagnards et de hautes vallées solitaires.
Le lac d'Antorno face aux pointes du Cadin/Italie

Some quiet lakes and high valleys will never be overrun.
Lake Antorno with view of the Cadin Peaks/Italy

Seine Möglichkeiten und Grenzen muss der Mensch selbst erkennen und abstecken.

◀ Kajaksportler auf der Möll bei Obervellach/Österreich
▶ Gorges de Balais/Frankreich

L'être humain doit estimer et jalonner, lui-même, ses possibilités et ses limites.

◀ Kayacs sur la Möll près de Obervellach, en Carinthie Autriche
▶ Gorges de Balais/France

Each individual must recognize and set his own limits.

◀ Kayak enthusiasts on the River Möll near Obervellach, Carinthia/Austria
▶ Balais Gorge/France

Wenn die Erholungsuchenden sich vernünftig verteilen würden, gäbe es noch Platz genug in den Alpen.
Sellamassiv/Italien

Si les amateurs de repos se répartissaient raisonnablement, il y aurait encore suffisamment de place dans les Alpes.
Le massif de la Sella/Italie

If the holidaymakers were to spread out more evenly there would be room enough for all of them in the Alps.
Sella Massif/Italy

Es gibt im Freiklettern keine Grenze nach oben; es könnte nur überfüllte Wände geben.

◄ Kletterei am Kesselkogel im Rosengarten/Italien
► Sellagruppe/Italien

Il n'y a pas de limite en ce qui concerne l'escalade libre; il pourrait seulement y avoir des parois surchargées.

◄ Escalade sur le Kesselkogel dans le Rosengarten/Italie
► Le massif de la Sella/Italie

There is no upper limit to free climbing; but there could be overcrowded walls.

◄ Climbing on Kesselkogel in the Rosengarten/Italy
► Sella Group/Italy

Im Winter sind die Alpen abseits der Skizentren noch vielfach unberührt.
Rosengarten/Italien

En hiver, les Alpes sont encore vides aussitôt que l'on s'éloigne des centres de ski.
Rosengarten/Italie

Away from the skiing centres the Alps are still largely "virginal" in winter.
Rosengarten/Italy

Noch hat jeder die Wahl zwischen Piste und freier Landschaft.

◄ Buckelpiste im Salzburger Land/Österreich
► Tiefschneefahrer bei Lenk/Schweiz

Chacun peut encore choisir entre la piste et le paysage libre.

◄ Piste à bosses dans la région de Salzbourg/Autriche.
► Chauffeur conduisant dans une épaisse couche de neige près de Lenk en Suisse.

It is still possible to choose between piste and the open country.

◄ Bumpy piste in the Province of Salzburg/Austria
► Deep snow skiers near Lenk/Switzerland

Unsere Aufgabe ist nicht mehr die Erschliessung, sondern die Erhaltung der Alpen als Urlandschaft.

Monte Rosa mit Gornergletscher/Schweiz

Il ne s'agit plus d'exploiter les Alpes mais de leur conserver un caractère de paysage originel.

Le Monte Rosa et le glacier de Gorn/Suisse

Our job is no longer to open up the Alps, but to preserve their natural beauty.

Monte Rosa with Gorner Glacier/Switzerland

Wenn das Geheimnisvolle für viele aus unseren Alpen endgültig verbannt ist, wer ist daran schuld? Ein bis ins kleinste erforschtes Ödland birgt keine alten Legenden mehr. Aber den schroffsten Wänden, die noch niemand berührt hat, Trotz zu bieten, das bedeutet noch Suche nach dem Mysterium.

Guido Magnone

Si le mystère est définitivement chassé de nos Alpes, qui en porte la responsabilité ? Un pays ennuyeux inventorié de fond en comble n'offre plus de vieilles légendes. Mais affronter les parois les plus raides et encore vierges, c'est partir à nouveau encore à la recherche du mystère.

Guido Magnone

If some people consider that our Alps have been utterly deprived of their quality of mystery, who is to blame? A desolate area where no stone has been left unturned can no longer support old legends. But to defy the steepest faces, as yet untouched, still has the quality of a search for mystery.

Guido Magnone

Wann wird der letzte Gipfel verbaut sein? Findet doch noch jemand den Mut, an dem Erschliessungsgedanken der Alpenvereinsgründer zu rütteln?
Der Schafberg im Salzburger Land/Österreich

Quand le dernier sommet sera-t-il obstrué par les constructions ? Qui aura le courage de s'opposer aux projets d'exploitation des fondateurs des clubs alpins pour redonner aux Alpes leur aspect naturel ?
Le Schafberg (montagne du mouton) dans la région de Salzbourg/Autriche

When will the last peak be a built-up area? Will anyone ever succeed in shaking the conviction inherited from the founding fathers of the Alpine clubs that the Alps should be opened up? Is there no hope of restoring the mountains to their original state?
Schafberg in the Province of Salzburg/Austria

Möglichkeiten und Grenzen

Die Bedeutung des Bergsteigens liegt darin, dass wir beim Bergsteigen Erkenntnisse über uns selbst gewinnen können. Diese Erkenntnisse gewinnen wir über persönliche Erfahrungen und Empfindungen, die eine Sache für sich sind, nicht weitergebbar, nicht übertragbar und kein Hinweis auf etwas anderes. Da das Bergsteigen nicht der Sinn unseres Lebens ist und die entsprechenden Empfindungen nicht übertragbar sind, ist Bergsteigen weder Lebensform noch Lebenshilfe, wenn man es aus dem allgemeinen Leben ausklammert. Bergsteigen als ausschliesslicher Versuch, alle Spannungen und Probleme zu bewältigen, ist lebensfeindlich. Denn wir müssen lernen, das Leben als ein Ganzes zu sehen, ein Ganzes von unbegreiflicher Vielfalt und mit unzählbaren Möglichkeiten.
Betrachtet man nun das Bergsteigen als etwas, das zum Leben gehört, als eine dieser unzählbaren Möglichkeiten und nicht als etwas Besonderes, nach dem man sein ganzes Leben ausrichtet und auf das man alle seine Kräfte konzentriert – nicht als »Flucht aus der Stadt« oder als »romantische Lebensform« –, so kann es eine Art Katalysator für die Selbstfindung sein.
Während unseres ganzen Lebens sind wir auf der Suche nach uns selbst; traurig ist nur, dass viele von uns sterben, bevor sie in diesem Sinne eigentlich geboren sind.
Zwischen Konsumterror und Leistungsdruck ist es heute so gefährlich, sich selbst zu versäumen, sich zu verlieren oder nie zu finden. Viele suchen ihr Glück in der Sattheit, im Konsumieren; den »Weg nach innen« finden sie nicht.

Possibilités et limites

L'escalade est importante parce qu'elle nous permet de nous découvrir nous-mêmes, grâce à des expériences et des sentiments très personnels, uniques, incommunicables et sans rapport avec quoi que ce soit. Comme l'escalade n'est pas le sens de notre vie et que ces sensations particulières ne sont pas communicables, elle ne représente ni une forme de vie ni une aide existentielle, si on l'exclue de la vie en général. Si l'on essaie de s'en servir comme remède absolu pour régler des tensions et des problèmes, elle devient l'ennemi de la vie. Car nous devons apprendre à considérer la vie comme une unité, un tout d'une incroyable complexité riche de possibilités infinies.
Si l'on considère l'alpinisme comme inhérent à la vie, comme étant l'une de ces possibilités infinies et non pas comme quelque chose de particulier dont on doit faire dépendre son existence et auquel on doit consacrer toutes ses forces – ce n'est pas un lieu où l'on se réfugie hors de la ville ou bien une forme de vie romantique – alors, il peut être considéré comme une sorte de catalisateur servant à la découverte de son moi.
Durant toute notre vie, nous sommes à la recherche de notre identité ; il est triste que beaucoup d'entre nous meurent avant d'avoir connu cette véritable naissance. A cause de la consommation terrifiante et du poids des performances à réaliser, on court le danger de se rater, de se perdre ou de ne jamais se trouver. Beaucoup cherchent leur bonheur dans la satiété et la consommation ; ils ne trouvent jamais «le chemin vers le moi». A l'école déjà, nous sommes obligés de penser d'une façon

Potentials and Limits

The importance of mountaineering is that it teaches us things about ourselves. This knowledge is gained through experiences and emotions, unique to ourselves, which cannot be transferred to others and are an end in themselves. As mountaineering is not a raison d'être, and the feelings it invokes are not transferable, it can be neither a way of life nor an aid to life if it is separated from our life as a whole. Mountaineering is even anti-life if it is used solely as a means of resolving tensions and problems, because we have to learn to see life as a whole, as an entity combining unimaginable variety with innumerable possibilities. If mountaineering is considered simply as part of life, as one of countless possibilities, and not as something special which dominates life and to which one devotes all one's powers – not as a form of "escape from the town", or as a "romantic form of life" – then it can act as a kind of catalyst in the search for one's identity.
We spend all our lives in search of ourselves; it is sad that many of us die before we have even been born in this sense. Between them, consumerism and stress can make the search very difficult or cancel out any success we may have. Many hope to find happiness in satiation, in consumerism, but to them the "inward route" is closed. We are taught at school to think in terms of expediency; programmed so that we turn into successful members of society who will later become good taxpayers and are intended to contribute towards improving the "quality of life" for everyone. But for me, "quality of life" does not mean more free time, more space at home,

Schon die Schule zwingt uns das finale Denken auf. Wir werden zu Erfolgsmenschen programmiert, die später gute Steuerzahler sein und dazu beitragen sollen, die »Lebensqualität« der Allgemeinheit zu erhöhen. Für mich aber bedeutet »Lebensqualität« nicht nur mehr freie Zeit, mehr Freiraum in der Wohnung und mehr Komfort, sondern in erster Linie mehr »Sein«; »Sein« im Gegensatz zum »Haben«.
Zum Bergsteigen braucht es sehr wenig, vor allem dann, wenn man es ganz unten beginnt und als Ursprung nicht irgendein ehrgeiziges Ziel, sondern sich selbst hat. Man braucht nicht unbedingt ein Ziel zum Bergsteigen, viel wichtiger ist es, offen und fähig zu authentischen Erfahrungen zu sein – und diese Erfahrungen gehören nur einem selbst. Damit sind wir beim Ego, beim Individuum. So gesehen, ist das Bergsteigen eine Art Egotrip, ein Marsch zu sich selbst. Dieser Egotrip steht nur scheinbar im Gegensatz zur vielgerühmten Bergkameradschaft, die für viele das idealistische Element am Bergsteigen darstellt. Wie sollte ein Mensch zu echter Freundschaft fähig sein, wenn er sich selbst nicht kennt, mit sich selbst nicht eins ist?
Die Bauern und Jäger aus der Steinzeit haben diese Freizeitbeschäftigungen noch nicht gebraucht, sie haben sich mit dem Boden, mit dem gejagten Tier, mit der Frucht aus der Erde so intensiv beschäftigt, dass sie sich darin wie eingebettet fühlten.
Erst die Verarmung im Leben der Industriegesellschaft hat das Bergsteigen notwendig gemacht! Und hier kann es uns zeigen, dass auch in dieser Lebensform authentische Erlebnisse möglich sind, wenn wir uns intensiv mit

utilitaire. Nous sommes programmés afin de devenir des gens à succès, de bons imposables maniés pour augmenter «la qualité de vie» de la communauté. Pour moi, «la qualité de vie» ne signifie pas : plus de loisirs, plus d'espace habitable et plus de confort mais, au contraire, une amélioration de «être» ; de «être» par rapport à «avoir». Il faut peu de choses pour l'escalade, surtout quand on commence et que l'on n'est pas poussé par l'ambition mais par soi-même. On n'a pas forcément besoin d'avoir un but, il est plus intéressant d'être ouvert et prêt à vivre des expériences authentiques – et ces expériences ne servent qu'à soi-même. Il s'agit ainsi de l'ego, de l'individu. On peut dire que l'escalade est une sorte de voyage à la découverte du moi, une démarche introspective. Cette découverte de l'ego s'oppose, semble-t-il, à cette camaraderie de la montagne tant vantée qui, pour beaucoup, représente un des éléments idéalistes de l'alpinisme. Mais comment un être humain serait-il capable d'offrir une véritable amitié, s'il ne se connaît pas soi-même, s'il n'est pas sûr de son identité ?
Le paysan et le chasseur, à l'époque de l'âge de la pierre, n'avaient pas encore besoin de cette forme de loisirs, ils s'étaient occupés si intensément du sol, de l'animal poursuivi et des richesses provenant de la terre qu'ils s'y étaient pratiquement incorporés.
Seul, l'appauvrissement de la vie dans la société industrielle a rendu l'escalade nécessaire ! Et elle peut nous montrer que des expériences authentiques sont aussi possibles dans cette forme existentielle, lorsque nous pouvons nous consacrer intensément à quel-

and more comfort, but primarily more "being" – "being" instead of having. Mountaineering makes very few demands, especially if you start at the very bottom, and are motivated not by ambition but by the desire to discover yourself. In fact no aim is required at all; all that is necessary is a mind open to authentic experiences – and these experiences are entirely one's own. This brings us to the ego, to the individual. Seen in this light, mountaineering is a kind of ego trip, a progression towards one's own self. This ego trip is only apparently in contradiction to the much-praised comradeship of the mountains, which many consider to constitute the idealistic element of mountaineering. How can an individual be capable of true friendship if he does not know himself, if he is at odds with himself?
The farmer and hunter of the Stone Age did not need this kind of leisure activity. By virtue of their occupations they took such an intense interest in the soil or the hunted animal that they were at one with them.
It was only the impoverishment that came with industrialization that made mountaineering necessary! But climbing shows that authentic experiences are possible even for people living in an industrial society provided we occupy ourselves intensively with something, provided we are enthusiastic and curious enough about the world's secrets. The secrets of the world are there to be rediscovered. But whenever we think solely in terms of expediency, pigeonhole everything, take possession of everything, there is no room left for mystery, and the route to self-realization, which is often preceded by a "route to

etwas beschäftigen können, wenn wir Geheimnisse und Begeisterung entwickeln.
Überall dort nämlich, wo sie geheimnisvoll ist, tut sich die Welt auf, lässt sie sich zurückerobern. Dort aber, wo wir rein final denken, wo wir alles erforschen, alles einteilen, alles in Besitz nehmen, ist kein Platz für Geheimnisse, und der Marsch zur Selbstverwirklichung, dem oft ein »Marsch ins Nirwana« vorausgeht, wird durch das sture Verfolgen eines Ziels verbaut.
Das Bergsteigen ist also ein ganz individuelles Erlebnis, das in seiner grenzenlosen Freiheit – und diese Freiheit ist wichtiger als das Ziel – fusst. Nicht der Alpenverein oder irgendeine andere alpine Vereinigung machen das Bergsteigen aus, sondern das Individuum, der einzelne Mensch, der in die Berge geht. Wenn sich die Bergsteiger zu organisierten Haufen zusammenschliessen, führt die Autobahn geradewegs in den Zwang. Oft werden Vereine zu Lieferanten von Ersatzreligionen oder Ideologien, und ein Mensch, der einem Verein angehört, ist meist ein Mensch mit festgelegten Meinungen, oft unfähig, eigene Erfahrungen und authentische Erlebnisse zu haben. Besteht nicht heute schon die Gefahr, dass zum Beispiel der Alpenverein zu einer Art Erlebnisversicherung geworden ist?
Muss man dem Alpenverein deshalb eine andere Funktion geben? Braucht man ihn noch? Sollte man nicht die Hütten verfallen lassen; die Steige nicht mehr markieren; damit aufhören, Führer mit präzisen Routenbeschreibungen zu veröffentlichen; alle Seilbahnen und Strassenbauten im Erholungsraum Alpen verbieten? So, wie man mit den

que chose et que nous sommes capables d'inventer des secrets et de nous enthousiasmer. En effet, quand il est plein de mystère, le monde s'ouvre et se laisse reconquérir. Mais là où la pensée utilitaire règne, où l'on prospecte, classifie et possède, il n'y a pas de place pour les secrets, et la démarche permettant la réalisation de soi-même, précédée souvent d'une plongée dans le « nirvana », est mise en échec par la poursuite têtue d'un but. L'escalade est donc une aventure individuelle qui a pied dans une liberté illimitée – et cette liberté est plus importante que le but. Ce n'est pas un club alpin ou toute autre organisation alpine qui détermine l'alpinisme mais l'individu, l'être humain qui se rend dans la montagne. Quand les alpinistes se regroupent en tas organisés, c'est la porte ouverte à la contrainte. Souvent, ces organisations remplacent la religion ou les idéologies, et un de leurs adhérents a, la plupart du temps, des opinions toutes faites ; il est incapable d'avoir des expériences personnelles et authentiques. Le club alpin ne court-il pas, aujourd'hui, le risque de devenir une sorte de compagnie d'assurance de l'aventure ? Doit-on, de ce fait, lui donner une autre fonction ? En a-t-on encore besoin ? Ne devrait-on pas abandonner les refuges, ne plus marquer les sentiers, cesser d'éditer des guides décrivant des circuits précis, interdire toutes les constructions de téléphériques et de routes dans les régions de villégiature des Alpes ? A la façon dont les montagnes sont traitées à l'heure actuelle, elles seront bientôt dénaturées par les traits de démarcation, les funiculaires, un nombre incalculable de chalets en service et par des crochets. Les nom-

nirvana", is blocked by stubborn pursuit of an aim.
Thus mountaineering is a completely individual experience based on utter freedom – and this freedom is more important than the aim. It is the individual mountaineer, and not Alpine clubs, or any other Alpine organization, that is essential to mountaineering. When mountaineers organize themselves, they open the route to coercion. Clubs are often providers of substitute religions or ideologies, and a person who belongs to a club is usually a person with fixed opinions, often incapable of authentic experiences. It could be argued for example, that the Alpenverein has already become a kind of experience insurance. Should the Alpine clubs be given a different function, in that case? Are they still needed? Should not the huts be allowed to fall down, the paths no longer be marked? Should the practice of publishing guides with detailed descriptions of routes be discarded? Should not all cableways and new roads in the Alpine recreation areas be forbidden? Today the danger is that with all the marked routes, bolts, cableways, and huts with quasi-hotel service throughout the year, the mountains are being tamed. The many holidaymakers seeking recreation in groups often prevent themselves from experiencing anything because they work out in advance what an experience is – or because the group explains it to them. Everything runs according to schedule: ascent via path No. 35 to a particular hut; descent via Route 112. In this way the possibility of an ego trip, the route to one's inner self, is barred. Today the Alpine clubs should have only

Bergen heute umgeht, besteht die Gefahr, dass sie durch Markierungsstriche, Seilbahnen, eine Unzahl von ständig bewirtschafteten Hütten, Bohrhaken verharmlost werden. Die vielen Erholungsuchenden laufen Gefahr, dass sie als Gruppenmenschen nicht mehr erleben, weil sie sich im voraus zurechtlegen, was ein Erlebnis ist – oder, weil die Gruppe es erklärt. Alles läuft nach einem festgelegten Schema ab; Aufstieg über den Steig Nr. 35 zur Hütte sowieso und Abstieg über die Route 112. So wird die Möglichkeit zum Egotrip, der Weg zu sich selbst verbaut. Die Aufgabe alpiner Vereine kann es heute allein noch sein, Menschen als Individuen und alpin gut ausgebildet und geschult auf die Suche nach sich selbst in eine möglichst unberührte Bergwelt zu entlassen.

Viele von uns leiden darunter, dass sie im alltäglichen Leben ihre Fähigkeiten und ihre Energie nicht voll ausschöpfen können; sie hätten in den Bergen die Chance, sich zu fordern, zu entdecken. Authentisch und lange betrieben, kann das Bergsteigen Lebensangst und Langeweile heilen, ein Schlüssel zur Selbsterkenntnis sein; ein Scharfmacher auf den Egotrip.

Aber – und deshalb kann Bergsteigen nie Lebensform, sondern höchstens Lebenshilfe sein – wir dürfen von den Bergen nicht erwarten, dass sie uns Sinn und Inhalt unseres Lebens liefern, sowenig wir das von unseren Mitmenschen erwarten dürfen. Dieser liegt allein in uns selbst.

breux vacanciers ne sauront certainement pas ce qu'est une aventure parce qu'ils font partie d'un groupe, parce qu'ils ont prévu ce qu'est une aventure ou parce que le groupe la détermine. Tout se déroule suivant un schéma prévu à l'avance : montée par le sentier n° 35 jusqu'au chalet X, et descente par l'itinéraire n° 112. C'est ainsi que l'on barre le chemin à la découverte du moi, à la prise de connaissance de son identité. Les clubs alpins devraient former des individus bien expérimentés pour le monde alpin et les laisser partir à la découverte d'eux-mêmes, dans un monde montagnard, le plus possible épargné.

Un grand nombre d'entre nous souffrent de ne pas pouvoir utiliser au maximum, leurs capacités et leur énergie dans la vie de tous les jours ; dans les montagnes, ils auraient l'occasion de les mettre à l'épreuve, de les découvrir. Pratiquée authentiquement et pendant longtemps, l'escalade peut être un remède contre l'angoisse et l'ennui, permettre la prise de conscience du moi et rendre possible l'approche de l'ego.

Cependant – et c'est pourquoi l'alpinisme ne sera jamais une forme existentielle mais tout au plus une aide vitale – nous ne croyons pas que les montagnes vont nous livrer le sens et le contenu de notre vie, pas plus, du reste, qu'il nous faut compter sur nos semblables ; c'est en nous seuls que nous trouverons la solution.

one aim: to make it possible for people, well-trained as individuals and mountaineers, to go into the mountains, which should be as unspoilt as possible, in search of their true selves.

Many people suffer from the fact that every-day life does not give them scope enough to deploy all their abilities and energy; in the mountains they would have a chance of developing themselves, discovering themselves. Authentic mountaineering, pursued over a long period, can cure anxiety and boredom, can be a key to self knowledge: a stimulus for an ego trip.

But – and for this reason mountaineering can never be a way of life, but at the most an aid to living – we cannot expect the mountains to supply us with a raison d'être any more than we can expect it of fellow human beings; this lies, and must be sought, within ourselves.

Der Alpinismus kann natürlich gefährlicher sein als irgendein anderer Sport. Aber wenn man sorgfältig vorbereitet zu Berg geht und nur die Regeln der Vorsicht befolgt, wird aus dem Abenteuer im Gebirge etwas ganz anderes als blinde Tollkühnheit.

Walter Bonatti

L'alpinisme peut être, bien sûr, plus dangereux que n'importe quel autre sport. Mais si l'on va dans la montagne après s'être suffisamment préparé et en suivant les règles de prudence, l'aventure dans la montagne perd son caractère de témérité aveugle.

Walter Bonatti

Mountaineering can, of course, be more dangerous than any other sport. But if you go into the mountains properly prepared, and pay due regard to caution, adventures in the mountains are anything but blind foolhardiness.

Walter Bonatti

So paradox es klingt – wenn ich die Seilbahnen, Strassen, Hütten ignoriere, einfach nicht beachte, sind für mich die Alpen immer noch so, wie sie waren.

Spik-Gruppe/Jugoslawien

Pour paradoxal que cela soit, si je veux bien ignorer les téléphériques, les routes, les refuges, les Alpes restent ce qu'elles étaient.

Le massif du Spik/Yougoslavie

It may sound paradoxical – but if I ignore the cable railways, the roads, and the huts, the Alps still seem to me to retain their primeval quality.

Spik Group/Yugoslavia

Über Industriegebieten und Touristenzentren ragen Bergketten empor, die nichts von ihrer majestätischen Grösse verloren haben.

Grand Muveran im Rhonetal/Schweiz

Des chaînes de montagnes dominent les régions industrielles et les centres touristiques et elles n'ont rien perdu de leur majestueuse grandeur.

Le Grand Muveran dans la Vallée du Rhône/Suisse

Mountain chains that have lost nothing of their majestic nobility tower above industrial areas and tourist centres.

Grand Muveran in the Rhône Valley/Switzerland

Zwei Stunden schon sind die Dörfer hinter mir geblieben. Nun liegen sie im Tal wie die Teile eines Puzzlespiels.

Cornettes de Bise von den Rochers-de-Naye/Schweiz

Depuis deux heures, j'ai laissé les villages derrière moi. Ils ressemblent maintenant, dans la vallée, à des pièces d'un jeu de puzzle.

Les Cornettes de Bis des Rochers-de-Naye/Suisse

The villages are two hours away, and lie in the valley like parts of a jig-saw puzzle.

Cornettes de Bis from the Rochers-de-Naye/Switzerland

Landschaft, wie sie ursprünglich war.
Wilder Kaiser/Österreich

Un paysage à l'état originel.
Wilder Kaiser/Autriche

Primeval landscape.
Wilder Kaiser/Austria

Der Blick lohnt die Mühe des Aufstiegs; die Offenheit für diese Welt lässt die Alpen immer wieder faszinierend werden.

◂ Pigne d'Arolla/Schweiz
▸ Aletschwald/Schweiz

La vue récompense la peine que l'escalade a coûtée. Grâce à l'ouverture qu'elles offrent sur ce monde, les Alpes sont fascinantes.

◂ Pigne d'Arolla/Suisse
▸ Aletschwald/Suisse

The view is well worth the rigours of the climb; the Alpine world never fails to fascinate those who have the eyes to see it with.

◂ Pigne d'Arolla/Switzerland
▸ Aletsch Forest/ Switzerland

Der Unterschied zwischen den Alpen von einst und den Alpen von heute ist nicht überall gleich gross und deprimierend.
Blaueiskar mit Hochkalter/Österreich

La différence entre les Alpes originelles et les Alpes actuelles n'est pas partout de même grandeur et aussi déprimante.
Le Blaueiskar et le Hochkalter/Autriche

The difference between the Alps as they were and as they are is not equally great and depressing everywhere.
Blaueiskar with Hochkalter/Austria

Das Lichtkleid der Berge, das den ganzen Tag wie angegossen zu sitzen scheint, begann sich zu lösen. Es schien sich von den unteren Hängen zu heben, einem Schleier ähnlich, den der Wind bewegt.

Arnold Lunn

La robe lumineuse des montagnes, qui paraît en épouser les formes pendant le jour, commence à s'évanouir. Elle semble se détacher des faibles hauteurs comme un voile agité par le vent.

Arnold Lunn

The mantle of light that had clothed the mountains all day began to shift. It seemed to lift upwards from the lower slopes like a veil moved by the wind.
(Paraphrase)

Arnold Lunn

Noch kann man sich Urlandschaft mit Phantasie, Begeisterung und etwas Mühe vorstellen.

Schobergruppe, Lienzer Dolomiten und Karnische Alpen/Österreich

On peut encore avec beaucoup d'imagination et d'enthousiasme et un peu de peine se représenter le paysage tel qu'il était à l'origine et tel qu'il n'existe plus en réalité.

Le groupe des Schober, les Dolomites de la région de Lienz et les Alpes Carniques/Autriche

With imagination, enthusiasm, and some effort it is still possible to imagine what a primeval landscape should look like.

The Schober Group, Lienzer Dolomites and Karnische Alps/Austria

Urlandschaft

Als Kind bin ich auf die heimatlichen Berge hinaufgestiegen, und sie erschienen mir wild, unerschlossen, unbegreiflich gross. Mit zunehmendem Alter bin ich weiter in den Alpen herumgekommen und habe immer öfter Seilbahnen, Hütten, markierte Wege benutzt. Erst später begann ich meine eigenen Wege zu gehen und abseits der Markierungen meine eigenen Routen zu suchen.
Das »Abenteuer Berg« verblasst schnell, wenn der Ehrgeiz den Geissfuss der Technik ansetzt. Ein Gebirge schrumpft, sobald man Hütten darin baut und ihm mit modernsten technischen Mitteln zu Leibe rückt.
Die Pioniere des Alpinismus tasteten sich vorsichtig bis zu den grössten Höhen der Alpen vor, in kleinen Gruppen, einzeln. Sie erzählten fasziniert von den einsamen Höhen und lockten neue Abenteurer an. Sie lebten mit dem Unbekannten in Harmonie; doch dieses Unbekannte schrumpfte mit fortschreitender Erschliessung der Alpen. Ein Gebirge erschöpft sich schnell, wenn der Mensch nicht bescheiden in der Anwendung seiner technischen Möglichkeiten bleibt, wenn es ihm mehr um den Gipfel geht als um sich selbst, um das Abenteuer. Wenn er aufhört, seine eigenen Kräfte einzusetzen, und Maschinen benützt, betrügt er sich selbst. Geräte und Techniken können einen Menschen auf den Gipfel eines Berges bringen, aber nicht zu wesentlichen Erfahrungen. Zu einem tieferen »Bergerlebnis« können sie ihm kaum verhelfen.
Die Gebirge waren geschaffen, so zu sein, wie sie die Pioniere vorfanden. Dennoch wurde und wird alles getan, um sie zu verändern, unserem Sicherheitsbedürfnis anzupassen.

Le paysage à l'état original

Enfant, je suis monté dans les montagnes de mon pays natal et elles m'apparurent sauvages, incultes et incroyablement grandes. Vieillissant, j'ai continué à arpenter les Alpes et j'ai souvent utilisé les téléphériques, les refuges et les sentiers marqués. Plus tard seulement, je commençai à chercher seul mon chemin en laissant les démarcations de côté.
L'aventure montagnarde perd rapidement ses charmes quand l'ambition fait entrer en jeu le pied de bouc de la technique. Une montagne s'amenuise rapidement lorsque l'on se met à y construire des chalets et à lui infliger les dernières techniques. Les pionniers de l'alpinisme s'avancèrent avec précaution vers les plus hauts sommets alpins, en groupes ou en solitaire. Ils parlèrent, fascinés, de ces hauteurs solitaires et attirèrent d'autres aventuriers. Ils vivaient en harmonie avec l'inconnu ; mais cet inconnu s'amaigrissait avec la prospection grandissante des Alpes. Une montagne s'épuise très vite lorsque l'homme ne se sert pas avec parcimonie de ses moyens techniques et qu'il se préoccupe plus du sommet que de lui-même ou de l'aventure. Lorsqu'il n'emploie plus ses propres forces mais des machines, il s'abuse lui-même car les instruments et les techniques peuvent bien le faire monter sur le sommet d'une montagne mais ils ne lui font pas connaître les expériences essentielles. Ils ne lui apporteront pas une connaissance montagnarde profonde.
Les montagnes avaient été créées dans l'état où les pionniers les trouvèrent. Pourtant on a tout fait pour les transformer, les adapter à notre besoin de sécurité et cela ne fait que continuer. Nous n'employons plus nos ins-

Primeval Landscape

As a child I used to climb the local mountains, and they seemed to me to be wild, unspoilt, and immense. As I got older I travelled more in the Alps, and frequently made use of cableways, huts, and marked routes. It was only later that I began to leave the marked routes and pioneer my own.
The "adventure of mountain climbing" soon pales if ambition is coupled with technical aids. A mountain shrinks quickly as soon as huts are built on it and modern technological methods are applied. The pioneers of mountaineering cautiously felt their way up to the highest summits – in small groups or solo. They told fascinating stories of the lonely heights, and attracted more adventurers. They lived in harmony with the unknown, but this unknown shrank with the increasing exploitation of the Alps. A mountain soon becomes stale if man is not sparing in his use of technical means, of he is more concerned with "summitry", with adventure, than with himself. He cheats himself when he stops using his own physical resources, and takes to machines. Technical aids can get a man to the summit of a mountain, but they do not open the way to essential experience. They can hardly help him to achieve a more profound "mountain experience".
The mountains were made to be the way they were when the pioneers first climbed them. Nevertheless everything possible has been done, and still is being done, to change them, to adapt them to our concept of safety. We no longer need our natural instincts in order to survive in the mountains – there are, after all, precise descriptions of every route, built-in

Wir brauchen unsere natürlichen Instinkte nicht mehr, um in den Bergen zurechtzukommen – es gibt ja von jeder Route genaue Beschreibungen, Sicherheitsvorkehrungen, markierte Wege und bewirtschaftete Hütten überall.
Nachdem unsere Urahnen die Urlandschaft der Alpen teilweise in eine Kulturlandschaft verwandelt hatten und harmonisch in dieser Landschaft lebten, versucht der Mensch des Industriezeitalters das Hochgebirge in Ketten zu legen, ein zahmes Erholungsgebiet aus ihm zu machen und Profit daraus zu ziehen.
Das Bergsteigen ist zum Modesport geworden. Wer »in« sein will, geht ins Gebirge. Man sammelt Gipfel wie ein Jäger seine Jagdtrophäen, gibt vor Freunden und Bekannten mit diesen »Gipfelsiegen« an und vergisst dabei das Wesentliche, nämlich sich selbst.
Trotzdem ist für mich das Bergsteigen in den Alpen nicht sinnlos geworden. Ich würde zu meinen heimatlichen Bergen zurückkommen; aber nicht mit allen erdenklichen Techniken. Ich würde einfach dorthin zurückkommen, wo ich gerne lebte, um wirklich zu leben, Erfahrungen über mich selbst zu gewinnen. Nicht einfach, um auf irgendeinem Gipfel gestanden zu haben. Auch würde ich neue Wege suchen, denn die Erfahrungen, die auf bekannten Routen zu erreichen sind, sind schnell erschöpft.
Unsere Vorbilder – die Pioniere des Alpinismus – sind in die Alpen gegangen, weil das damals das Gebirge war, wohin man gehen sollte. Es ist ein hohes und weites Gebirge gewesen, und das Land war gut rundherum, doch wir haben es in wenigen Generationen

tincts naturels pour nous retrouver dans les montagnes – pour chaque itinéraire, il y a des données précises, des dispositifs de sécurité, des chemins marqués et des chalets-refuges avec tout le nécessaire.
Après que nos aïeux eurent transformé, en partie, le paysage original des Alpes en un paysage cultivé, vivant en harmonie avec lui, l'homme du siècle industriel essaie d'enchaîner la haute montagne, d'en faire un lieu de villégiature domestiqué et d'en tirer profit. L'escalade est devenue un sport à la mode. Pour être « in », il faut aller dans la montagne. On collectionne les sommets comme des trophés de chasse pour épater les amis avec ces victoires et on oublie l'essentiel, c'est-à-dire soi-même.
Pourtant, l'alpinisme n'a pas perdu, pour moi, tout son sens. Je retournerais dans mes montagnes natales mais sans panoplie technique. J'irais tout simplement là où j'aimais vivre, pour exister vraiment, et y faire connaissance avec moi-même. Et non pour le plaisir de m'être dressé sur un quelconque sommet. Je chercherais aussi de nouvelles voies car les expériences que l'on peut faire en suivant les itinéraires connus sont rapidement épuisées.
Nos maîtres – les pionniers de l'alpinisme – sont allés dans les Alpes, parce que c'était, à l'époque, la montagne où il fallait se rendre. C'est une haute et vaste montagne et le pays environnant était beau. Pourtant, en quelques générations, nous avons réussi à les défigurer.
Maintenant, on a tendance à partir ailleurs. Nous avions toujours le droit d'aller où bon nous semblait, de suivre ce qui était nouveau et de répondre à l'appel du lointain. Maintenant, je pourrais laisser tout à la maison,

safety precautions, marked paths, and huts with full catering facilities everywhere.
While our ancestors partially changed the Alps into a cultivated landscape and lived in harmony with it, industrial man is trying to lay the high mountains in chains, to turn them into a tame and profitable recreation park.
Mountaineering has become a fashionable sport. To be "in" you must go mountaineering. People collect summits like trophies, boast to friends about "conquering peaks", and in doing so forget the essential thing, themselves.
Despite all this, mountaineering in the Alps has not lost its meaning for me. I could still return to the mountains of my homeland, though not with the intention of using all the most modern technical aids. I would simply return to the place I love in order to really live, to get closer to myself, not simply to be able to stand on some summit or other. I would also seek new routes, for the experience to be gained on known routes is soon exhausted.
Our predecessors and models – the pioneers of mountaineering – went to the Alps because they were the mountains to go to at that time. They were high mountains spread over a vast area, and the surrounding countryside was also unspoilt; but within the course of a few generations we have succeeded in crippling the mountains and many of the surrounding areas, too.
It seems that the time has come to go elsewhere! We always had the right to go elsewhere, to seek out new, more distant places, and I have now arrived at the point where I could desert nearly everything but one good

geschafft, dieses Gebirge und vieles rundherum zu verstümmeln.
Jetzt scheint es an der Zeit, anderswo hinzugehen! Wir hatten schon immer das Recht, anderswo hinzugehen, dem Reiz des Neuen, dem Ruf der Ferne zu folgen. Und ich würde jetzt alles daheim lassen bis auf einen guten Freund und mit ihm zusammen anderswo hingehen. Sollen die anderen ruhig weiter in grossen Gruppen und mit Hilfe der Technik ihre Gipfel stürmen.
Aber sie kommt wieder, ich weiss es, jene unsichtbare Kraft, die einen magnetisch zurückzieht. Und jetzt gilt es, auch in den Alpen anderswo hinzugehen, weg von den ausgetrampelten Pfaden, den bunten Markierungen, den einengenden Eisen und Seilen. Wir werden eine Route finden, die uns das Erlebnis des Unbekannten zuteil werden lässt, und wenn wir am Ende auf demselben Gipfel stehen, wie die anderen und dieser Gipfel denselben Namen hat – so sind wir doch auf einen anderen Berg gestiegen, unser Empfinden, unser Gefühl, unser Glück sagen es uns. Die Bergsteiger der guten alten Zeit sind immer irgendwohin gegangen, das Neue zu suchen und zu finden. Und es gibt auch heute in den Alpen noch Unentdecktes, noch hohe und weite Berge, auf die man steigen kann. Man muss nur wissen wie.
Aber nicht nur der eigene Weg, auch unser zunehmendes Alter lässt uns die Alpen neu sehen und erleben. Lionel Terray endete sein Buch »Die Eroberung des Unnützen« mit folgenden Worten: »... Kräfte und Mut nehmen langsam ab. Bald schon werden die Alpen für mich wieder zu jenen schrecklichen Gipfeln

excepté un bon ami qui m'accompagnerait. Que les autres partent conquérir leurs sommets en groupes et avec l'aide de la technique moderne. Mais elle revient – je le sais – cette force invisible qui use de son pouvoir magnétique. Et maintenant, on peut aller faire des randonnées dans les Alpes, s'éloigner des chemins marqués, des flèches indicatives colorées, des fers comprimants et des cordages. Nous la trouverons cette route qui nous fera connaître l'expérience de l'inconnu. Si nous nous trouvons, comme les autres partis en groupe, sur le sommet de la même montagne, nous ferons malgré tout une différence bien qu'il s'agisse du même piton. Ce sont nos sentiments et notre bonheur qui nous le disent. Les alpinistes du bon vieux temps sont toujours allés quelque part à la recherche du nouveau. Il existe encore de nos jours, dans les Alpes des endroits que personne n'a découverts, et de grands et hauts massifs où l'on peut grimper. Il faut seulement savoir comment s'y prendre.
Les chemins que l'on prend seul et l'âge nous apportent une connaissance différente des Alpes. Lionel Terray termine ainsi son livre «La conquête de l'inutile»: «... les forces et le courage diminuent lentement. Bientôt, les Alpes redeviendront pour moi ces terribles sommets qu'elles étaient, du temps de ma jeunesse. Si quelque rocher, quelque tempête de glace ou quelque faille ne m'arrêtent pas quelque part sur cette terre, le jour viendra où je trouverai, vieux et fatigué, le repos parmi les animaux et les gens. Le cercle sera alors bouclé à tout jamais, et je serai enfin ce simple berger qu'enfant, j'avais rêvé d'être.»

friend, leaving it to other people to storm the heights in groups with all the modern aids available.
But I know that that invisible force would once again come into its own, drawing me back to my home mountains. And then the time will have come to go elsewhere within the confines of the Alps, away from the beaten track, from the coloured marks, the inhibiting built-in aids. We will find a route that enables us to experience the unknown, the unexpected – and, even though we may finally arrive on the same peak as the others, we will have climbed a different mountain, and this will be confirmed by our feelings, our happiness. The mountaineers of the good old days were always searching for new experiences. And there are still enough undiscovered delights in the Alps; enough high and great mountains to be climbed. It is only a question of how.
It is not only our own chosen route, but also increasing age which enables us to see and experience the Alps in a new way. Lionel Terray ends his book "The Conquest of the Useless" with the words: "... Strength and courage slowly fade. Soon the Alps will once again become the terrible peaks that they were for me in my youth. If there really is no rock, no blizzard, and no crevasse waiting for me somewhere in this world to put an end to my life, then the day will come when I am old and tired, and find peace among animals and flowers. Then the full circle will have run, and I will at last be the simple shepherd which I dreamed of becoming in my childhood."

werden, die sie mir in meiner Jugend gewesen sind. Falls wirklich kein Fels, kein Eissturm und keine Spalte irgendwo auf dieser Erde meiner harren, den Lauf zu enden, wird der Tag kommen, an dem ich alt und müde den Frieden unter Tieren und bei Blumen finden werde. Dann hat sich der Kreis geschlossen, dann endlich bin ich der schlichte Hirte, der zu werden ich als Kind geträumt.«

Reinhold Messner wurde am 17. Oktober 1944 in Villnöss in Südtirol geboren. Als zweites von neun Kindern einer Lehrerfamilie wächst er in den Dolomiten auf und findet schon sehr früh Kontakt zu den Bergen. Später studiert er Hoch- und Tiefbau und unterrichtet als Lehrer das Fach Mathematik. Dazwischen jedoch lässt er keine Gelegenheit aus zu klettern, und die Liste seiner Erfolge nimmt bald einen stattlichen Umfang an. 1971 ziehen ihn die Berge endgültig in ihren Bann, und er lebt nun als freier Alpinist und bereist die Gebirge der ganzen Erde. Er hat rund 1800 Bergfahrten hinter sich, etwa 100 Erstbesteigungen durchgeführt und als einziger Mensch fünfmal einen Achttausender bestiegen. Der Nanga Parbat, die Manaslu-Südwand, die Aconcagua-Südwand, die Hidden-Peak-Nordwand gehören ebenso zu seinen Trophäen wie rund 500 Gipfel in den Alpen oder der höchste Berg der Welt, der Mount Everest, den er 1978 ohne Sauerstoffgerät besteigt.

Reinhold Messner est né le 17 octobre 1944 à Villnöss dans le Tyrol du Sud. Il est le deuxième d'une famille de neuf enfants dont le père est instituteur. Il passe son enfance dans les Dolomites où il trouve de bonne heure, le contact avec la montagne. Plus tard il poursuit ses études et obtient le diplôme d'ingénieur en construction. Il enseigne aussi les mathématiques. Entretemps, il ne laisse passer aucune occasion d'escalader la montagne et la liste de ses réussites prend bientôt une proportion remarquable.
C'est en 1971 que les montagnes l'attirent définitivement par leur charme et il vit désormais en temps qu'alpiniste libre. Il fait beaucoup de voyages et il apprend à connaitre les massifs montagneux de tout le globe.
Il a déjà fait au moins 1800 tours en haute montagne, à peu près 100 premières et il est le seul à avoir escaladé 5 fois une montagne de plus de 8000 mètres. Le Nanga Parbat, la paroi Sud du Manaslu, la paroi Sud de l'Aconcagua, la paroi Nord du Hidden Peak font partie de ses trophées, tout comme les quelques 500 sommets des Alpes ou la montagne la plus haute du monde, le Mont Everest, qu'il escalada en 1978 sans l'aide d'oxygène.
Quand Messner tient des conférences sur ses expéditions, toutes les places sont prises. Ses nombreux livres sont devenus en grande partie des bestsellers. Il passe pour être le meilleur alpiniste de sa génération et il a acquis une certaine notoriété en temps qu'auteur. Les écrits de Messner sont empreints de son caractère volontaire et de son esprit critique. Ils sont aussi pleins d'effets par leur claire argumentation. Ses succès ont suscité –

Reinhold Messner, the son of a teacher, and the second of nine children, was born in Villnöss in South Tirol on 17th October 1944. He grew up in the Dolomites, so that he has been intimately associated with the mountains since early childhood. Later he studied constructional engineering and taught mathematics. But at the same time, he never missed an opportunity to go climbing, and by now his list of successes has grown to impressive dimensions. Since 1971 he has lived as a free mountaineer, travelling all over the world. He has about 1,800 mountain tours behind him, can claim roughly 100 first ascents, and is the only mountaineer to have climbed five 8,000 metre (= 26,250 ft) peaks. His list of successes includes Nanga Parbat, the Manaslu S Face, the Aconagua S Face, the Hidden Peak N Face, about 500 peaks in the Alps, and the world's highest mountain, Mount Everest, which he climbed in 1978 without oxygen.
When Reinhold Messner gives lectures on his expeditions the halls are always sold out. He is considered to be the best mountaineer of his generation, but has at the same time gained an enviable reputation as an author: most of his many books are bestsellers. Messner writes in a highly personal, closely argued critical style. His success has naturally brought him enemies – as is so often the case, also in other walks of life – but this is something that makes little impression on a man of his nature, a man who is not easy to convince to the contrary or to divert from his chosen path once he has made up his mind. Reinhold Messner is one of those notable personalities

Wenn Reinhold Messner Vorträge über seine Expeditionen hält, sind keine freien Plätze mehr zu finden, seine zahlreichen Bücher sind zum grossen Teil Bestseller geworden. Er gilt als der beste Bergsteiger seiner Generation, aber auch als Autor hat er sich mittlerweile einen hervorragenden Namen geschaffen. Messner schreibt eigenwillig und kritisch, aber auch eindrucksvoll mit klarer Argumentation. Seine Erfolge haben ihm – wie dies auf allen Gebieten des Lebens üblich ist – zahlreiche Neider eingebracht. Dies kann ihn wenig beeindrucken, so wie andererseits sehr viel Überzeugungskraft dazu gehört, ihn von einer gefassten Meinung oder einem eingeschlagenen Weg abzubringen. Reinhold Messner ist zweifellos eine jener beachtenswerten Persönlichkeiten, die mit Kompromissen gegenüber sich selbst und anderen sparsam umgehen.

comme dans tous les domaines de la vie – des jalousies.
Peu lui importe ces jalousies, cela le laisse froid. Il ne se laisse guère influencer et conseiller. Reinhold Messner est sans aucun doute une des personnalités remarquables qui repoussent le plus possible les arrangements en ce qui le concerne et en ce qui concerne les autres.

who does not believe in easy compromise – with himself or with others.

Register der lateinischen Pflanzen- und Tiernamen (S. 60 bis 65)

Traduction des noms latins des plantes et des animaux (p. 60 à 65)

Translation of the Latin Names of Plants and Animals (p. 60–65)

Soldanella alpina	soldanelle alpine	Alpine soldanella
Pinguicula alpina	grassette alpine	mountain butterwort
Erica carnea	bruère d'hiver	Alpine heath
Draba azoides	drave faux Aizoon	yellow whitlow grass
Sempervivum arachnoideum	joubarbe toile d'araignée	sempervivum
Eritrichum nanum	roi des Alpes	eritrichum nanum
Gentiana clusii	gentiane de l'écluse, variété blanche	stemless gentian, white variant
Gentiana bavarica	gentiane bavaroise	Bavarian gentian
Nigritella nigra, f. flava	nigritelle noire, variation jaune	nigritella nigra, yellow variant
Aster alpinus	aster des Alpes	Alpine daisy
Primula viscosa	primevère visqueuse	primula viscosa
Arabis alpina	arabette alpine	Alpine rock cress
Viola biflora	violette à deux fleurs	yellow violet
Geum reptans	bênoite rampante, inflorescence	geum reptans, flower
Lentopodium alpinum	etoile d'argent ou edelweiss	edelweiss
Geum reptans	bênoite rampante	geum reptans, fruits
Cyclamen europeaum	cyclamen	cyclamen europaeum
Clematis alpina	clêmatite des Alpes	clematis alpina
Papaver rhaeticum	pavot rhêtique	Rhaetian poppy
Rhodothamnus chamaesticus	rhododendron nain	dwarf Alpine rose
Paradisia liliastrum	lis de Saint-Bruno	paradisia liliastrum
Rhododendron ferrugineum	rhododendron ferrugineux	rusty-leaved Alpine rose
Campanula barbata	campanule barbue	bearded bellflower
Daphne striata	daphné strié	daphne striata
Genista radicata	genista radiata	Alpine broom
Parnassius phoebus sacerdos	petit apollon sur rhododendron	parnassus butterfly on Alpine rose
Lycastes exulans	lycastes exulans sur une aster des Alpes	zagaenid on Alpine daisy
Colias hyale	coliade, mâle, sur un œillet des Alpes	colias hyale, male, on Alpine pink
Palaeochrysophanus hippothoe hippothoe	palaechrysophanus hippothoe hippothoe, mâle	small copper butterfly, male
Carabus fabricii	carabe	carabid
Salamandra atra	salamandre noire	Alpine salamander
Triturus alpestris	triton alpestre	Alpine newt, male
Aquila chrysaëtos	aigle royal	golden eagle
Gyps fulvus	vautour fauve	griffon vulture
Lagopus mutus	lagopède des Alpes	ptarmigan
Motacilla cinerea	bergeronnette des ruisseaux	grey wagtail
Montifringilla nivalis	pinsons des neiges	snow finches
Pyrrhocorax graculus	chocard des Alpes	Alpine chough
Monticola solitarius	merle blanc	blue rock thrush
Monticola saxatilis	merle de roche	rock thrush
Rupicapra rupicapra	chamois	chamois
Ovis musimon	mouflon	moufflon
Capra ibex	bouquetins	bexes
Marmota marmota	marmotte	marmot

Bildquellen

Les sources de photographies

References of Photographs

Bavaria/B. Stüvermann 130
Lothar Beckel 12, 14, 16, 136, 166, 174, 178, 196
S. Eigstler 152
Edmond van Hoorick 9, 15, 17, 32/33, 38, 45, 50/51, 73, 82/83, 97, 100/101, 145, 155, 156, 172/173, 175, 186/187, 188/189, 192
Hans Huber 78, 114/115
Kinkelin/Buochs 150/151
Kinkelin/Burkhardt 10/11, 13, 176/177
Kinkelin/Dols 62 (1), 118
Kinkelin/Eigstler 60 (1), 61 (2), 127, 138
Kinkelin/Kirsch 48/49
Kinkelin/Löbl 119
Kinkelin/Löbl-Schreyer 20, 65 (1)
Kinkelin/Pfenniger 76/77, 79, 91
Kinkelin/Schlapfer 34/35, 148/149, 153, 193
Kinkelin/Schneiders 46/47, 74/75, 109, 120
Kinkelin/Schrempp 64 (2)
Kinkelin/Wirz 29
G. Klammet 28, 59, 102, 110/111, 146/147, 164/165
Klammet & Aberl 92/93, 112/113, 132/133, 137, 190/191
R. Löbl 81
Löbl-Schreyer 64 (1), 65 (1)
Reinhold Messner 80, 95, 96, 131, 134, 170
H. Müller-Brunke 27, 36/37, 84, 128/129
Photo-Center 60 (1), 62 (1), 63 (1), 64 (2), 65 (1)
Reinhard-Tierfoto 64 (1), 65 (1)
Günther Schmidt 63 (1)
C. L. Schmitt 18/19, 30/31, 94, 98/99, 116/117, 135, 154, 163, 194/195
Toni Schneiders 52, 66, 167, 168/169, 171, 185
Schrempp 60 (6), 61 (3), 62 (6), 63 (5), 64 (2)